2010年教育部人文社会科学研究青年基金项目
《农村微型金融机构风险生成机理及控制路径——基于区域层面的实证研究》（10YJC790404）
2012年江西省社会科学研究青年项目《农村小型金融组织发展绩效评价与机制创新研究》（12YJ52）
国家自然科学基金项目（71161010）和国家社科基金项目（13BJY173、11BJY050）的资助

农村微型金融机构风险生成机理及控制路径研究

NONGCUN WEIXING JINRONG JIGOU FENGXIAN
SHENGCHENG JILI JI KONGZHI LUJING YANJIU

周才云 著

Southwestern University of Finance & Economics Press
西南财经大学出版社

图书在版编目(CIP)数据

农村微型金融机构风险生成机理及控制路径研究/周才云著.—成都:西南财经大学出版社,2013.8
ISBN 978-7-5504-1154-8

Ⅰ.①农… Ⅱ.①周… Ⅲ.①农村金融—金融机构—风险管理—研究—中国 Ⅳ.①F832.35

中国版本图书馆 CIP 数据核字(2013)第 168612 号

农村微型金融机构风险生成机理及控制路径研究
周才云 著

责任编辑:王正好
助理编辑:廖术涵
装帧设计:穆志坚
责任印制:封俊川

出版发行	西南财经大学出版社(四川省成都市光华村街55号)
网　　址	http://www.bookcj.com
电子邮件	bookcj@foxmail.com
邮政编码	610074
电　　话	028-87353785　87352368
照　　排	四川胜翔数码印务设计有限公司
印　　刷	郫县犀浦印刷厂
成品尺寸	170mm×240mm
印　　张	13.25
字　　数	240 千字
版　　次	2013 年 8 月第 1 版
印　　次	2013 年 8 月第 1 次印刷
书　　号	ISBN 978-7-5504-1154-8
定　　价	38.00 元

1. 版权所有,翻印必究。
2. 如有印刷、装订等差错,可向本社营销部调换。

摘　要

金融作为现代市场经济发展的一个主要推动力，已经成为现代经济的核心，其不仅在现代经济增长因素分析中得到了理论支持，而且在各国经济发展的实践中也得到了验证。与此同时，现代农村经济发展与金融的关系也日益密切，农村金融在农村经济发展中也逐步处于核心地位，这都离不开金融的大力支持。近些年来，伴随着我国扶贫事业的逐步推进，农村微型金融机构必然得到蓬勃的发展，在促进贫困地区产业结构调整、弥补正规金融机构农村服务"缺位"等方面发挥着至关重要的作用。但是，由于自身经营体制中的不足和外在市场条件不确定性的存在，农村微型金融机构难免面临一系列安全和风险隐患，这在风险环境日益复杂化的背景下尤为突出。

金融风险是伴随市场中的信息不对称而存在的，具有较强的不确定性和传染性，控制不当必将导致危害性逐渐加深，甚至会进一步引发全面性的金融危机。这就迫切需要尽快构建较为系统而稳健的金融风险预防、处理及控制体系。本书在借鉴前人理论研究成果和国外农村金融风险控制实践经验的基础上，通过对我国农村微型金融机构发展现状、风险生成机理进行系统阐述，并运用了计量统计学知识对我国各地区农村微型金融机构风险进行了度量，构建了符合我国各区域农村发展特点的微型金融机构风险控制的政策框架。

本书共分为九个部分。

第一部分，绪论。主要由选题背景及意义、国内外研究现状、全书结构安排和研究方法几个部分组成。

第二部分，微型金融与金融风险的一般理论。首先，由金融在现实生活和经济中的作用引出金融这一概念，并深入分析了金融的功能，同时进一步阐述了微型金融的内涵及作用；随后，本部分将分别介绍农村金融理论（农业信贷补贴论、农村金融市场论、不完全竞争市场论和局部知识论）和金融风险理论（金融脆弱性理论、金融危机理论）。

第三部分，我国农村微型金融机构发展的现状。本部分简要介绍了当前我国主要形式的农村微型金融机构发展情况，它们是农村信用合作社、农村商业银行、邮政储蓄银行和农村新型金融机构，并介绍了一些案例。

第四部分，我国农村微型金融机构风险的生成机理。第一，从农村金融发展规模的缺陷、发展结构的缺陷和发展效率的缺陷三个方面总结了改革开放以来我国农村金融发展的不足，从而可以从整体上把握我国农村微型金融市场风险的大体环境。第二，结合农村金融的风险状况从外部生成机理和内部生成机理进行了详细的阐述，其中外部生成机理主要有：财政支农资金不足、农业总产值增长较慢、城乡金融市场的分割、农民收入具有较强的不确定性、农村贫困情况依然严峻、农村居民文化水平普遍不高；内部生成机理主要有：金融机构规模小、获利能力不强、不良贷款比例偏高、拨备覆盖率偏低、贷款过于集中、工作人员能力有限和贷款定价机制存在缺陷。

第五部分，我国农村微型金融机构风险的评价与度量。第一，简要地介绍了金融风险的常用方法；第二，运用指标分析法系统地对我国农村微型金融机构风险进行了评价与度量，认为我国农村微型金融机构的风险控制能力在逐步增强，且各地区的农村微型金融机构的风险控制能力存在一定差别，但差距较小；第三，运用风险价值模型（VaR方法）对我国各地区农村微型金融机构的风险进行了进一步的度量，认为随着农村微型金融机构存贷业务数量的增加，面临损失的风险也在逐渐增加，从四大区域层面来看，各区域VaR值有着较大的差异，其中平均值最大的是东部地区；第四，结合皮尔逊积矩相关系数，对农村微型金融机构风险的影响因素展开了研究。

第六部分，我国农村微型金融机构发展绩效的实证研究。第一，本书引入了新的经济指标并运用了帕加诺模型，结合协整分析、误差修正模型、格兰杰因果检验、VaR模型、脉冲响应和方差分解等方法实证检验了1978—2010年我国农村信用社的发展对农村居民收入增长的支持效应；第二，构建了面板数据模型并研究了农村微型金融机构风险与经营绩效的具体关系。

第七部分，国外微型金融发展的经验与启示。他山之石，可以攻玉。本部分首先分别介绍了孟加拉国、印度尼西亚、印度和玻利维亚的微型金融发展模式与风险管理特点，最后总结出了一些有益的启示。之所以选取这四个国家作为参考对象，主要是因为上述国家都是发展中国家，与我国的农村金融市场有一定的相似性。

第八部分，我国农村微型金融机构风险的控制路径：事前防范。控制金融风险的首要措施，就是做好风险的预防工作。我们认为，风险事前防范措施主要有：加强金融监管、构建系统的区域风险预警监测体系和逐步提高农村微型金融机构经营绩效、构建多元化农村金融体系、建立区域金融发展圈。

  第九部分，我国农村微型金融机构风险的控制路径：事中控制。控制金融风险的进一步传播，还应该做好风险的事中控制工作。我们认为，风险事中控制的措施主要有：及时的财政资金援助、实施有效的货币政策切断传染途径、完善微型金融机构内部控制、逐步扩大金融服务领域、优化农村金融生态。

  关键词：农村微型金融机构 金融风险 生成机理 风险度量 控制路径

目 录

1. 绪论 / 1
   1.1 研究背景及意义 / 1
   1.2 国内外研究现状 / 3
      1.2.1 金融风险问题研究 / 4
      1.2.2 微型金融问题研究 / 9
   1.3 本书结构安排 / 15
   1.4 研究方法 / 17

2. 微型金融与金融风险的一般理论 / 18
   2.1 微型金融的相关概念 / 18
      2.1.1 金融的本质及作用 / 18
      2.1.2 微型金融的内涵与功能 / 21
   2.2 农村金融理论 / 24
      2.2.1 农业信贷补贴论 / 24
      2.2.2 农村金融市场论 / 25
      2.2.3 不完全竞争市场论 / 26
      2.2.4 局部知识论 / 28
   2.3 金融风险理论 / 29
      2.3.1 金融脆弱性理论 / 29
      2.3.2 金融危机理论 / 31

3. 我国农村微型金融机构发展的现状 / 34

3.1 农村信用合作社 / 34
3.1.1 农村信用合作社的发展历程 / 34
3.1.2 农村信用合作社的运行机制 / 36

3.2 农村商业银行 / 41

3.3 邮政储蓄银行 / 45

3.4 农村新型金融机构 / 48

4. 我国农村微型金融机构风险的生成机理 / 55

4.1 我国农村金融发展的缺陷 / 55
4.1.1 农村金融发展规模的缺陷 / 55
4.1.2 农村金融发展结构的缺陷 / 57
4.1.3 农村金融发展效率的缺陷 / 58

4.2 农村微型金融机构的主要风险 / 61
4.2.1 经济风险 / 61
4.2.2 市场风险 / 61
4.2.3 信用风险 / 62
4.2.4 操作风险 / 62
4.2.5 流动性风险 / 62
4.2.6 政策性风险 / 63

4.3 农村微型金融机构风险的外部生成机理 / 63
4.3.1 财政支农资金不足 / 63
4.3.2 农业总产值增长较慢 / 65
4.3.3 城乡金融市场分割 / 67
4.3.4 农民收入具有较强的不确定性 / 68
4.3.5 农村贫困情况依然严峻 / 70

4.3.6 农村居民文化水平普遍不高 / 71
　4.4 **农村微型金融机构风险的内部生成机理** / 72
　　　4.4.1 金融机构规模小 / 73
　　　4.4.2 获利能力不强 / 74
　　　4.4.3 不良贷款比例偏高 / 75
　　　4.4.4 拨备覆盖率偏低 / 75
　　　4.4.5 贷款过于集中 / 76
　　　4.4.6 工作人员能力有限 / 78
　　　4.4.7 贷款定价机制存在缺陷 / 79

5. 我国农村微型金融机构风险的评价与度量 / 83

　5.1 **金融风险度量的常用方法** / 83
　　　5.1.1 指标分析法 / 83
　　　5.1.2 敏感性分析法 / 83
　　　5.1.3 波动性分析法 / 84
　　　5.1.4 VaR 分析法 / 84
　5.2 **农村微型金融机构风险度量——基于指标分析法** / 84
　　　5.2.1 评价指标体系设立的原则及说明 / 84
　　　5.2.2 本书评价指标的遴选 / 88
　　　5.2.3 农村微型金融机构风险的度量结果 / 89
　5.3 **农村微型金融机构风险度量——基于 VaR 方法** / 91
　　　5.3.1 VaR 方法介绍 / 91
　　　5.3.2 农村微型金融机构风险的度量 / 93
　5.4 **农村微型金融机构风险的影响因素分析** / 100
　　　5.4.1 皮尔逊积矩相关系数 / 100
　　　5.4.2 检验结果 / 102

6. 我国农村微型金融机构发展绩效的实证研究 / 105

6.1 农村微型金融机构支农效应的实证研究 / 105
6.1.1 文献回顾 / 105
6.1.2 帕加诺模型 / 107
6.1.3 实证分析 / 108

6.2 农村微型金融机构风险与经营绩效之间的动态关系 / 119
6.2.1 模型分析 / 119
6.2.2 实证分析 / 122

7. 国外微型金融发展的经验与启示 / 126

7.1 孟加拉微型金融 / 126
7.1.1 孟加拉乡村银行 / 126
7.1.2 孟加拉微型金融组织 / 129

7.2 印度尼西亚微型金融 / 130

7.3 印度微型金融 / 132
7.3.1 印度微型金融体系 / 132
7.3.2 印度微型金融机构灾害风险管理 / 135

7.4 玻利维亚微型金融 / 137
7.4.1 玻利维亚阳光银行的业绩 / 137
7.4.2 玻利维亚阳光银行的机制设计 / 139

7.5 国外微型金融对我国的启示 / 140

8. 我国农村微型金融机构风险的控制路径：事前防范 / 143

8.1 加强金融监管 / 143
8.2 构建系统的区域风险预警监测体系 / 146
8.3 逐步提高农村微型金融机构经营绩效 / 150
8.4 构建多元化农村金融体系 / 153

8.5 建立区域金融发展圈 / 156

9. 我国农村微型金融机构风险的控制路径：事中控制 / 160
　9.1 及时的财政资金援助 / 160
　9.2 实施有效的货币政策切断传染途径 / 161
　9.3 完善微型金融机构内部控制 / 163
　　9.3.1 金融机构内部控制的一般特征 / 163
　　9.3.2 完善内部控制的措施 / 164
　9.4 逐步扩大金融服务领域 / 165
　9.5 优化农村金融生态 / 167
　　9.5.1 农村金融生态发展的状况 / 167
　　9.5.2 优化农村金融生态发展的建议 / 170

附录1 / 173

附录2 / 176

附录3 / 179

参考文献 / 187

1. 绪论

1.1 研究背景及意义

改革开放以来,中国经济取得了举世瞩目的伟大成就,2011年的国内生产总值总量已增加至471 564亿元,人均国内生产总值增加至35 000元,成为世界第二大经济体。与此同时,农村各项事业也获得了前所未有的发展。1978年我国农业总产值为1 117.5亿元,2010年的为36 941.1亿元,净增长32倍;农民人均纯收入也由1978年的133.6元增加到了2010年的5 919元,净增长近43倍;粮食、蔬菜、水果、肉类、禽蛋、水产品等产量连续多年居世界第一,结束了主要农产品长期短缺的历史;农村贫困人口由2.5亿减少到2 688万;2 678个县(市、区)开展了新型农村合作医疗工作,新型农村合作医疗参合率达到96.3%。

但是,在"三农"快速发展的同时,我国城乡居民收入差距也在逐步扩大。1978年城镇居民人均可支配收入为343.4元,农村居民人均纯收入为133.6元,二者的比例为2.57∶1;2000年城镇居民人均可支配收入为6 280元,农村居民人均纯收入为2 253.4元,二者的比例为2.79∶1;到了2011年,城镇居民人均可支配收入为21 810元,农村居民人均纯收入为6 977元,这一比例进一步扩大到3.13∶1。同时,中国长期以来执行的是"工业化主导、城市化现行"的改革战略,致使农村资源一直不断流向城市,农村金融市场渐渐形成了农村信用社"一枝独秀"的困境。当前,正值我国新农村建设的加速时期,如何更好地促进农村各项事业稳步推进,克服传统农业小规模不经济的短缺效应,为积极发展市场化、现代化的新农村提供有效的资金支持就显得更为关键。为此,2005年之后中央连续的六个"一号文件"都强调要推行农村金融体制改革,切实提高农村金融服务水平。2008年10月《中共中央关于推进农村改革发展若干重大问题的决定》也明确指出:"发展各种微型金融服务,能有效、全方位地为社会所有阶层和群体提供金融服务,尤其能为目前金融体系并没有覆盖的社会人群提供有效的服务。"与此同时,2011年中央提出的"十二五"规划纲要中进一步明确提出,要"鼓励有条件的地区以县为单位建立社区银行,发展农村小型金融组织和小额信贷,改善农村金融服务"。

事实已初步证明,微型金融的诞生对激活农村金融市场、完善农村金融体系和改进农村金融服务产生了积极的影响。到2011年底,全国金融机构空白乡镇已从工作启动时的2 945个减少到1 696个,比年初减少了616个。全国已有24个省份(含计划单列市)实现了全覆盖。其中农村信用社肩负了全国67.7%和73.5%的金融服务空白乡镇服务覆盖和机构覆盖任务[1]。此外,截至2011年末,我国共组建了786家新型农村金融机构,其中开业691家,筹建95家。已开业机构中村镇银行635家,贷款公司10家和农村资金互助社46家。已开业的新型农村金融机构实收资本369亿元,资产总额2 473亿元,负债总额2 072亿元,各项贷款余额1 316亿元,各项存款余额达1 706亿元,分别比年初增长了112%、122%、122%、120%和127%。其中,发放农户贷款431亿元、农村小企业贷款605亿元,分别占各项贷款余额的32.7%和45.9%,比年初分别增加230亿元和309亿元。甘肃、新疆、吉林、宁夏、福建、河北等省新型农村金融机构农户贷款占比持续在50%以上[2],较好地填补了农村金融支持的缺失,及时缓解了农村金融的"贫血症"。

总的来说,这一研究的理论意义主要体现在以下三个方面:第一,现代农村经济发展的一个重要特征就是经济与金融的关系日益密切,农村金融在农村经济发展中也逐步处于核心地位。相应地,微型金融也正是在农村这种崭新的形势之下才得以逐步建立和发展的。其次,按照国际标准,当前我国农村贫困人口数量庞大,打造一个具有包容性和高效性的金融体系,逐步提高金融支农的"输血"功能,将成为振兴农村地区经济、构建全面小康社会的重要组成部分。第三,随着新农村建设的不断推进以及农村生产经营方式的转变,许多农户已从传统的农业生产中摆脱出来,农民的消费理念也得到进一步升级,迫切需要多样化、优质量和高效率的资金与之相匹配。

---

[1] 本报记者.2011年农村金融十大新闻 加快水利发展成主题[N].金融时报.2012-01-05.

[2] 中国农村金融杂志社.村镇银行发展动态(内部资料).2012(2):8-9.

从实践来看，在中国这样一个区际、省际、甚至省内发展都极不平衡的大国，经济金融发展是不可能平衡的。因此，针对我国区域农村微型金融发展中所具有的差异性这一"先天性"事实，并且又有别于传统正规金融风险管理的特征，如何勾画出有针对性的风险控制路径，就成为本书研究的关键意义所在。首先，本书分析了我国各类农村微型金融机构发展的现状；其次，本书从宏观和微观双重层面阐述了我国农村微型金融机构金融风险的生成机理，并运用指标分析法和 VaR 方法对各地区的金融风险进行了度量和评价；再次，本书运用计量模型研究了我国农村微型金融机构发展绩效，即支农效应和农村微型金融机构风险与经营绩效之间的动态关系两个方面；最后，本书在借鉴国外成功经验的基础上结合事前防范和事中控制双重层面提出了具有针对性和较强的可操作性的政策建议。在后危机时代的特殊历史时期，这无疑对更好地保障各区域农村微型金融机构稳健有效运行，发挥应有的可持续性扶贫功能有着重大的理论意义和现实价值。这对我国农村地区经济崛起、逐步缩小城乡居民收入差距和全面构建小康社会将是有所助益的，同时这也是我国经济和社会发展面临的一个重大理论问题，更是迫切需要解决的现实问题。因此，本书的最终成果可以为中央政府及各级地方政府、农村微型金融机构等部门在如何更好地发展农村经济、保持农村金融市场健康稳健运行、解决农户融资难等问题上提供一定的理论支持和决策参考。

1.2 国内外研究现状

解决好"三农"问题是党中央各项工作的重中之重。然而，"三农"问题的解决除需要充分利用农村地区的资源优势、劳动力优势外，更需要强有力的金融支撑。2012 年 1 月全国金融工作会议强调，在金融业处于内外风险交织的当下，防范风险、服务实体经济成为金融业的重中之重。可以讲，防范和控制微型金融机构风险是关系到农业和农村经济长期协调发展和农村社会稳定的一个重要现实问题，并且金融风险具有较强的不确定性和传染性，控制不当必将导致危害性逐渐加深，甚至会进一步引发全面性的金融危机。在此，本书试图从金融风险问题和微型金融问题两个方面对国内外有关文献进行梳理，从而更好地把握相关研究脉络和最新动态，以求对我国农村微型金融机构的风险问题研究有所启示。

1.2.1 金融风险问题研究

1.2.1.1 金融风险生成机理研究

20世纪90年代世界金融危机的频繁爆发,逐步引起了人们对金融危机产生的根源进行深入探讨的兴趣。科爵斯和普里斯克(1998)[①]认为信息不对称和跨市场的套期保值投资能力是金融危机传染的根本原因。爱伦和格尔(2000)[②]指出,一个地区微小的流动性冲击会很快蔓延整个经济领域,不同区域银行之间的信贷有助于银行系统抵御区域流动性冲击。国内学者陈松林(1997)[③]分别分析了金融风险的外部生成机理和内部生成机理,认为政府的不合理行为必然导致金融风险增大,而商业银行自身行为如何是决定非系统性金融风险大小的主要因素。周才云(2007)[④]从国际收支失衡引发的汇率危机、经济结构失衡引发的金融危机、资本借贷失衡引发的借贷危机三个方面系统分析了金融危机的生成机理。顾海峰、奚君羊(2009)[⑤]认为在企业申请担保贷款投资项目中,大多数中小企业(特别是科技型中小企业)缺乏可抵押标的,这导致了中小企业信贷交易中担保风险的生成。企业申请担保贷款投资项目的平均成功概率与企业提供的担保标的的价值成正相关关系;企业提供抵押是有效抑制或消除担保机构与中小企业之间信息不对称及由此而引发的逆向选择和道德风险问题的关键和必要条件。孙玲(2010)[⑥]分别介绍了周期性理论、货币主义学说和金融资产价格波动论的金融风险生成机理。

1.2.1.2 金融风险水平测度研究

科德拉和伊德多(1998)[⑦]研究了竞争的加剧对银行利息变化和银行方面的行为所产生的影响。伯格和派特罗(1998)[⑧]运用模型预测了泰国1997年

[①] LAURA E. KODRES, MATT PRITSKER. A rational expectations model of financial contagion [J]. Board of Governors of the Federal Reserve Finance and Economics Discussion Series, 1998: 98-48.

[②] FRANKLIN ALLEN, DOUGLAS GALE. Financial contagion [J]. The Journal of Political Economy, 2000, 108 (1): 1-33.

[③] 陈松林. 金融风险生成机理与化解 [J]. 经济理论与经济管理, 1997 (4): 26-30.

[④] 周才云. 金融危机的生成、传导及治理 [J]. 理论探索, 2007 (4): 67-69.

[⑤] 顾海峰, 奚君羊. 金融担保机构信用风险的生成机理研究 [J]. 广东金融学院学报, 2009 (4): 49-58.

[⑥] 孙玲. 金融风险的生成机理与传导问题研究 [J]. 中州学刊, 2010 (1): 69-71.

[⑦] TITO CORDELLA, EDUARDO LEVY-YEYATI. Deposit insurance, financial opening and risk in a model of banking competition [J]. Working Paper Series, 1998: 1-45.

[⑧] ANDREW BERG, CATHERINE A. PATTILLO. Are currency crises predictable? [J]. IMF Working Paper, 1998: 98-154.

发生货币危机时的概率不到 10%，而墨西哥、阿根廷发生货币危机的预测概率分别为 18% 和 8%。克劳蒂·罗曼诺（2002）[1] 利用 Copula 模型对意大利股市收益率进行了风险分析。克利斯多芬森和康克夫斯（2005）[2] 认为 VaR 方法越来越多地应用于组合的风险计量中，通过估计一般动态模型的精确性，并建立置信区间将估计误差的大小予以量化，最后针对参数估计误差方差组合的动态模型提出一种重采样技术。彼得·戴蒙尼（2010）[3] 检验了金融契约在私人债务合同中的作用，发现契约的相关措施与借款人的收入有直接的关联，并且金融契约会降低借款人未来不确定性所带来的违约风险。

国内学者贺思辉、王茂（2006）[4] 通过对 Weibull 分布的小样本拟合技术的研究，给出了一种可应用于金融市场风险管理技术的风险测度技术方法，同时利用实证数据分析例示其应用价值。姚京、李仲飞（2010）[5] 比较说明了概率和分位数作为风险度量方法在管理风险中发挥的作用，分析结果表明，从管理风险的角度出发控制损失发生的概率要比控制损失的水平更为有意义；并且选择的 VaR 置信度水平越高，监管的效果会越好。杨青等人（2010）[6] 采用极值理论（EVT）解决了 VaR 方法的尾部度量不足问题，利用 CVaR-EVT 和 BMM 模型分析了美国、香港股票市场和我国沪深两市指数 18 年的日收益数据，研究发现：①在 95% 置信区间及点估计中，分位数为 99% 的 CVaR-EVT 所揭示的极端风险优于 VaR 的估计值，且 BMM 方法为实施长期极端风险管理提供了有力的决策依据，其回报率受分段时区的影响，期间越长，风险估计值越高；②模型采用 ML 和 BS 方法统计估值显示，中国内地股票市场极端风险尾部估计值高于中国香港地区和美国市场，但是国内市场逐步稳定，并呈现出跟进国际市场且差距缩小的发展趋势。

---

[1] CLAUDIO ROMANO. Calibrating and simulating copula functions: an application to the italian stock market [J]. Working Paper Series, 2002.
[2] PETER F. CHRISTOFFERSEN, SILVIA GONCALVES. Estimation risk in financial risk management [J]. Journal of Risk, 2005, 7 (3): 1-28.
[3] PETER DEMERJIAN. Financial covenants, credit risk, and the resolution of uncertainty [J]. Working Paper Series, 2010: 1-42.
[4] 贺思辉，王茂. 小样本下的金融风险测度的技术研究 [J]. 数理统计与管理, 2006 (5): 341-345.
[5] 姚京，李仲飞. 从管理风险的角度看金融风险度量 [J]. 数理统计与管理, 2010 (7): 736-742.
[6] 杨青，等. CVaR-EVT 和 BMM 在极端金融风险管理中的应用研究 [J]. 统计研究, 2010 (6): 78-86.

1.2.1.3　金融风险预警机制研究

1996 年，L.P. 戴维斯（Davis）提出了"监测预警论"。他认为："金融脆弱性是用来描述金融市场上出现的这样一种冲击：他们可以导致信贷市场或资产市场上价格和流量发生无法预测的变化，使金融公司面临倒闭的危险，这种危险反过来又不断扩大蔓延以致肢解支付机制及金融体系提供资本的能力。"他建议引进更多的金融监测和业绩评估系统，以促使基金经理们形成从众心理，而不是一意孤行地仅相信自己的判断，从而避免由于个人投资决策的失误而引起金融资产价格的大幅度波动，"监测预警论"更加重视对单个金融机构的预警工作，认为发生危机的金融机构与健全的金融机构之间在财务表现和行为模式上必然存在一定的差别，只要找出一些提前反映金融机构危机的显著变量指标，对其进行密切关注，就可以对金融机构加以预警。目前，在这一领域具有一定代表性和影响力的是美国的"骆驼评级体系（camels rating system）"。[①]

金融稳定与安全事关一国的经济安全、国家安全与主权安全，是维持国民经济持续、快速、健康发展的基本条件。在金融改革提速与渐进开放以及两者互动的背景下，中国金融稳定问题受到了学术界与决策层的广泛关注和重视。陈守东等人（2006）[②] 运用 Logit 模型分别建立了宏观经济风险预警模型和金融市场风险预警模型（包括货币危机和国债危机预警模型）。对 2006 年我国金融风险进行预警后的结果表明整体金融状况良好，宏观经济运行稳定、货币危机发生可能性较小。与其结论不同的是，陈秋玲等人（2009）[③] 提出了一套具有强警戒功能的金融风险评价指标体系，并建立基于 BP 人工神经网络模型的金融风险预警模型，对 1993—2007 年我国金融风险情况在 MATLAB 软件中进行模型训练、检验和预测，得出我国 2008 年预警结果为：国家综合金融风险处于危险状态，财政贸易风险处于警惕状态，宏观经济风险处于警惕状态，银行风险处于危险状态，其他风险（主要指股市风险）处于警惕状态。周宏等人（2012）[④] 从国际金融危机的传导途径入手，构建了包含宏观经济、金融

---

① 温涛. 中国农村金融风险生成机制与控制模式研究 [D]. 重庆：西南农业大学博士论文，2005：17.
② 陈守东，等. 中国金融风险预警研究 [J]. 数量经济技术经济研究，2006（7）：36 - 48.
③ 陈秋玲，等. 金融风险预警：评价指标、预警机制与实证研究 [J]. 上海大学学报：社会科学版，2009（9）：127 - 144.
④ 周宏，李远远，官冰. 中国国际金融风险预警的理论问题研究 [J]. 统计研究，2012（1）：49 - 54.

市场、金融机构和微观企业层面的中国国际金融风险预警指标体系。

在区域金融风险预警问题研究上，仲彬等人（2002）[①]遵循"科学性"、"可操作性"和"广泛的适用性"的原则，从预警指标体系、统计模型的选择和系统用途的设定等方面对构建区域银行体系风险预警系统进行了阐述。之后，周才云（2006）[②]通过构建宏观先行指标和微观审慎指标体系分析了影响区域金融安全的各种有关因素，并提出了金融风险的事中控制和事后治理措施。谭中明（2010）[③]构建了由外部影响因素和内部影响因素的两个分系统、八个子模块组成的区域金融风险预警系统，运用科学方法遴选出了一套有效的预警指标体系，确定了相应的临界值和风险监测预警区间，并采用主客观综合赋权方法确定了各指标的组合权重，从而构造了区域金融风险预警指标体系的综合度量模型。

1.2.1.4 农村金融风险问题研究

由于信贷市场中信息不对称问题的普遍存在，金融风险将难以避免。斯蒂格利茨和韦斯（1981）[④]指出，逆向选择和道德风险问题使得低风险的借款人逐渐退出信贷市场，而银行时常锁定的目标却是高风险操作的借款人。库曼（2004）[⑤]认为，农村信贷不同于其他信贷，农村信贷的基本特征是产量的不确定性及较高的交易费用，这经常会导致一个较高的债务比率。正规金融机构在农村金融信贷市场中逐渐失去他们的优势，基本原因是农村信贷的高违约率和非生存能力以及对这些正规的金融机构不断施加的压力。通过建立一个在规章和那些正规金融机构之间的相互作用模型，他认为在有管理的竞争性环境中那些正规金融机构不应为更高的信贷能力的恢复而增加努力，除非有规章规定这些机构这样去做。在实证研究方面，傅雷舍等人（1994）[⑥]通过对中国农村28个省份1986—1989年数据的计量分析，认为农户住房投资与名义存款利率呈现负方向的变动，与通货膨胀率呈现正方向的变动，且农业投入也与实际存

---

① 仲彬，等. 区域金融风险预警系统的理论与实践探讨 [J]. 金融研究，2006（7）：105-111.

② 周才云. 区域金融预警指标体系与风险防范 [J]. 商业研究，2006（4）：146-148.

③ 谭中明. 区域金融风险预警系统的设计和综合度量 [J]. 软科学，2010（3）：69-74.

④ JOSEPH E. STIGLITZ, ANDREW WEISS. Credit rationing in markets with imperfect information [J]. The American Economic Review, 1981, 71 (3): 393-410.

⑤ ASHUTOSH KUMAR. Reducing default rate in rural credit: how effective is enhanced supervision approach for formal financial institutions [J]. Working Paper Series, 2004: 1-18.

⑥ BELTON M. FLEISHER, YUNHUA LIU, HONGYI LI. Financial intermediation, inflation, and capital formation in rural China [J]. China Economic Review. 1994, 5: 101-115.

款利率有关。

对于微型金融风险而言,其与正规银行的根本区别就是针对小型农户（包括一些穷人）及小型企业进行融资,在贷款过程中,只有借款人自己了解所投资项目质量的高低,因此,微型金融机构必将面临一系列安全隐患。针对这个特点,在微型金融风险控制方面,可以试图从内部控制和外部技术性监管两个方面入手。汉达和柯顿（1999）① 运用计量模型分析了牙买加国家互助会的特点,发现给予互助会领导人一定报酬将可以极大提高互助会内部的稳定性。科瓦斯特和劳克杰森（1999）② 通过建立博弈模型比较分析了随意型互助会和遵从型互助会各自的效率,同时假定投资回报对于个人都是信息不完全的,并且互助会成员允许使用外援资金支持内援资金,由此得出的结论认为虽然两种类型都能改进各自的福祉,但是遵从型互助会比随意型互助会更有效。而哈特斯卡森（2004）③ 则认为加强内部审计可以有效防范微型金融机构的金融风险。哈桑和萨彻斯（2009）④ 以拉丁美洲、中东国家和非洲北部国家为例,论证了正规微型金融机构（如村镇银行和信用社）外在的技术效率控制比非正规微型金融机构（非盈利性组织）会更好,这些技术主要包括实行小组贷款、动态激励、分期还款计划以及担保替代。

国内学者温涛（2006）⑤ 系统地总结出农村金融风险控制的目标有三个,即适应性、安全性和盈利性,并提出合理的农村金融安排是农村金融风险控制的关键因素的重要论点。柳松、邹帆（2007）⑥ 从新农村建设的视角,以农村正规金融机构的金融风险为研究对象,立足于体制转轨这一特殊的时代背景,

---

① SUDHANSHU HANDA, CLAREMONT KIRTON. The economics of rotating savings and credit associations: evidence from the Jamaican 'Partner' [J]. Journal of Development Economics, 1999, 60: 173 - 194.

② JENS KOVSTED, PETER LYK - JENSEN. Rotating savings and credit associations: the choice between random and bidding allocation of funds [J]. Journal of Development Economics, 1999, 60: 143 - 172.

③ VALENTINA HARTARSKA. Governance and performance of microfinance institutions in central and eastern europe and the newly independent states [J]. William Davidson Institute Working Paper No. 677, 2004: 1 - 30.

④ KABIR M. HASSAN, BENITO SANCHEZ. Efficiency analysis of microfinance institutions in developing countries [J]. Networks Financial Institute Working Paper, 2009: 1 - 22.

⑤ 温涛. 新时期我国农村金融风险控制前理论思考 [J]. 金融理论与实践, 2006 (5): 3 - 7.

⑥ 柳松, 邹帆. 新农村建设中农村金融风险的生成机理与防范化解 [J]. 农业现代化研究, 2007 (3): 168 - 172.

运用实证分析和规范分析相结合的方法，考察了农村金融风险的现状，系统分析了它的主要表现（贷款回收率过低、资产盈利性差和资本充足率过低）和内在特征，深入剖析了它的生成机理（从系统系风险和非系统性风险双方面分析），并对新农村建设中防范和化解农村金融风险的对策进行了研究。何大安（2009）[1]认为正规金融和非正规金融的二元运行框架，是形成中国现阶段农村金融市场内在风险的制度框架。并总结出中国现阶段农村正规金融具有以下主要特征：①受主流经济理论的影响，"金融供给先行"是农村金融制度设计的主导思想或理念，在利率控制、金融进入、低息或担保融资等方面，仍然反映着政策性金融的性质；②金融的组织体系、产权模式、服务方式及监管政策等，体现着政府办金融的色彩，金融组织在传导国家支农信贷政策等方面不具有高效的机制，信贷结构调整滞后于农村经济结构调整；③农村金融制度安排通常围绕城市工业化的逻辑进行；④政府干预措施没有重点考虑到农村的金融需求，未能在金融制度上保障对农村金融需求的有效供给。

1.2.2 微型金融问题研究

1.2.2.1 微型金融扶贫功能研究

学者们普遍认为，微型金融机构（MFIs）的发展可以提升对穷人的金融服务水平和范围，提供服务便利，同时也可以提高生产者和消费者的福利水平（科派奇克和麦博，2002[2]；舍蒂和威尔斯卡哈帕，2009[3]）。塞尔（2009）[4]以格莱珉银行为例，认为MFIs的发展可以有效地减少贫困，并且在各国金融服务日渐成熟的背景下，MFIs可以在一个更加成熟的环境中和商业化方式下运行。这种商业化将有助于扩大个人信贷计划的范围，并为中小企业提供难以在一般金融机构中取得的贷款。但也有学者对此提出了异议，指出MFIs的有效作用很少真正服务于"核心穷人"（core poor）群体，而被富人群体挤占了

---

[1] 何大安. 中国农村金融市场风险的理论分析 [J]. 中国农村经济, 2009 (7): 59-67.

[2] COLIN KIRKPATRICK, SAMUEL MUNZELE MAIMBO. The implications of the evolving microfinance agenda for regulatory and supervisory policy [J]. Development Policy Review, 2002, 20 (3): 293-304.

[3] NAVEEN K. SHETTY, DR. VEERASHEKHARAPPA. The microfinance promise in financial inclusion: evidence from india [J]. The IUP Journal of Applied Economics, 2009, 8 (5/6): 174-189.

[4] NIKHIL CHANDRA SHIL. Micro finance for poverty alleviation: a commercialized view [J]. International Journal of Economics and Finance, 2009, 1 (2): 191-205.

金融资源（韦斯和蒙特格摩，2005①）。同样，爱美妮（2008）②通过运用t统计检验法对尼日利亚MFIs中介服务功能进行了实证研究，并认为不要过于乐观强调MFIs在尼日利亚国民经济中的作用。当然，微型金融扶贫绩效的有效实现离不开规章制度的保障，因此，阿然（2005）③强调利用合适的规章制度以支持多样化的小额信贷服务，认为合适的规章制度可以更好地发挥小额信贷的融资作用。

2006年12月20日，中国银监会颁布了《关于调整放宽农村地区银行业金融机构准入政策，更好支持社会主义新农村建设的若干意见》，由此确立了农村金融市场准入新政策，也拉开了新型农村金融机构发展的帷幕。李波（2009）④认为微型金融的发展，对农民摆脱贫困、增加就业、帮助创业意义重大，有助于农村金融发展与减贫战略实现。丁忠民（2009）⑤认为由于农村信用社历史包袱沉重，其实际支农能力有限，其他农村金融组织发展缓慢，而村镇银行本身具有地域优势，信贷风险中的道德风险和逆向选择问题相对于其他的金融机构来说也就能够得到较好解决，安全盈利空间相对较大。此外，村镇银行通常将本地区吸收的存款继续投入到本地区，能够更好地推动当地经济的发展。

1.2.2.2 微型金融运营绩效研究

库尔等人（2007）⑥以49个国家的124个微型金融机构作为调查对象，发现MFIs在服务于穷人的过程中费用不断增加，几乎难以获得利润。莫斯兰德（2007）⑦比较了股东所有制性质（SHFs）、非营利组织性质（NPOs）和合

---

① JOHN WEISS, HEATHER MONTGOMERY. Great expectations: microfinance and poverty reduction in Asia and Latin America [J]. ADB Institute Research Paper, 2005 (15): 1 – 30.

② FRANCIS KEHINDE EMENI. Micro Finance Institutions (MFIs) in Nigeria – problems and prospects: questionnaire survey findings [J]. Journal of Financial Management and Analysis, 2008, 21 (1).

③ THANKOM ARUN. Regulating for development: the case of microfinance [J]. The Quarterly Review of Economics and Finance, 2005, 45: 346 – 357.

④ 李波. 对微型金融的认识及发展建议 [J]. 武汉金融, 2009 (3): 47 – 48.

⑤ 丁忠民. 村镇银行发展与缓解农村金融困境研究——以城乡统筹试验区重庆市为例 [J]. 农业经济问题, 2009 (7): 49 – 53.

⑥ ROBERT CULL, ASLI DEMIRGUC – KUNT, JONATHAN MORDUCH. Financial performance and outreach: a global analysis of leading microbanks [J]. Economic Journal, 2007, 117 (517): 107 – 133.

⑦ ROY MERSLAND. The cost of ownership in Microfinance Organizations [J]. MPRA Paper, 2007 (2061): 1 – 31.

作社性质（COOPs）的微型金融机构所有权成本，结果显示股东所有制性质的微型金融机构所有权成本变化较大。而哈姆斯等人（2009）[1]通过对435个MFIs的1997—2007年相关数据的统计，认为MFIs运营的绩效与一国金融市场的发育程度呈现正相关关系，在市场化程度高的金融市场可以有效促进MFIs绩效的提升。麦密兹·哈克等人（2009）[2]采用了非参数数据包络分析法（DEA）考察了39个来自非洲、亚洲和拉丁美洲小额贷款机构的成本效益，研究结果显示非政府机构组织的小额信贷方式是最有效的，这一结果与他们的双重目标是一致的，即减轻贫困和实现财务可持续性。并且，金融中介有效率的银行型小额信贷机构业绩表现得也较为良好，这表明了银行作为金融中介机构，已获得了当地的资本市场。但是，从长期来看，银行型小额信贷机构的绩效可以超越非政府小额信贷机构。

在我国新型农村金融机构如何更好地发展并充分发挥其支农作用的问题上，何广文（2008）[3]认为，新型金融机构的良性运转需要配套措施，如准入机制呼唤合作金融法；要强化政策金融机制；要注意发挥现有商业金融机构的作用；要健全存款保险制度；要完善监管手段和监管机制，保证监管的独立性和监管的有效性；培育良好的金融生态环境；建立农业保险和农村保障机制；要促进和寻求财政资金和信贷资金、政策性金融和商业金融形成合力的机制；要鼓励公益性小额信贷组织的发展。

在实证研究上，吴少新等人（2009）[4]运用DEA分析法的超效率模型，对咸丰村镇银行、仙桃北农商村镇银行、绵阳富民村镇银行、庆阳市西峰瑞信村镇银行4家典型村镇银行的经营效率进行了比较分析，结果表明我国村镇银行的整体效率参差不齐，资本实力较弱、存款规模低、主营业务盈利能力差的村镇银行经营效率低。王曙光（2008）[5]以在吉林东丰诚信村镇银行和吉林梨树百信资金互助合作社的实地调研数据为基础，考察了新型农村金融机构的组建模式和资金配置效应，并系统探讨了新型农村金融机构运营绩效面临的五大

---

[1] NIELS HERMES, ROBERT LENSINK, ALJAR MEESTERS. Financial development and the efficiency of microfinance institutions [J]. Working Paper Series, 2009: 1-29.

[2] MAMIZA HAQ, MICHAEL T. SKULLY, SHAMS PATHAN. Efficiency of microfinance institutions: a data envelopment analysis [J]. Accepted Paper Series, 2009: 1-39.

[3] 何广文. 新型农村金融机构试点全面推进[J]. 银行家, 2008（1）：24-25.

[4] 吴少新, 等. 基于DEA超效率模型的村镇银行经营效率研究[J]. 财贸经济, 2009（12）：45-49.

[5] 王曙光. 新型农村金融机构运营绩效与机制创新[J]. 中共中央党校学报, 2008（2）：60-65.

制约因素,即一是村镇银行的信誉积累薄弱,客户认同度低;二是村镇银行网点少,基层网点开办成本高;三是村镇银行汇路不通,难以实现通存通兑;四是村镇银行的贷款领域为种植业和养殖业,面临较大的经营风险;五是人才的缺乏。朱乾宇(2010)①通过实践调查,结合案例分析了中国农业银行、农村信用社、村镇银行的农户小额信贷实施的影响。李明贤和周孟亮(2010)②、王家传和冯林(2011)③则分别对小额贷款公司目标偏移发生的作用机制及其运营成效问题展开了研究。

1.2.2.3 小额信贷问题研究

自20世纪70年代尤努斯教授在孟加拉创建乡村银行模式以来,小额信贷的发展渐渐成为世界各国扶贫工作中的一个重要组成部分。小额信贷作为一种新型的金融方式,已经引起了全世界的广泛关注,正在逐渐得到重视和推广。杰弗(1999)④指出,小额信贷是一个提供小额度贷款的实践(通常几百美元左右),通常借款人没有提供担保。奈尔(2005)⑤以印度妇女的SHGs组织(Self Help Groups)为例对小额信贷问题展开了分析,认为小额信贷与ASCAs组织(accumulating savings and credit associations)是存在差异的,小额贷款的组织成员一般为10~20人,经费主要来自成员自身。迈克尔·斯伯(2005)⑥认为小额信贷是一国金融发展的一个重要方面,小额信贷的建立能够有效实现金融发展、经济增长和减少贫困,发展中国家应该把小额信贷作为金融发展的政策,而不只是反贫困政策。克里·斯泰等人(2004)⑦将中国和印度的小额信贷运营方式进行比较,认为中国和印度的银行业部门都已经试图限制非正式金融形式。印度实施小额信贷政策的目的是降低低收入的企业对高利贷资金的

---

① 朱乾宇. 中国农户小额信贷影响研究 [M]. 北京:人民出版社,2010.

② 李明贤,周孟亮. 我国小额信贷公司的扩张与目标偏移研究 [J]. 农业经济问题,2010(12):58-64.

③ 王家传,冯林. 农村小额贷款公司营运成效与发展方略:以山东省为例 [J]. 农业经济问题,2011(7):54-61.

④ JAMEEL JAFFER. Microfinance and the Mechanics of Solidarity Lending: improving access to credit through innovations in contract structure [J]. Working Paper,1999(254):1-31.

⑤ AJAI NAIR. Sustainability of microfinance Self Help Groups in India: would federating help [J]. World Bank Policy Research Working Paper,2005(3516):1-33.

⑥ MICHAEL S. BARR. Microfinance and financial development [J]. Michigan Journal of International Law,2005,26(271):271-296.

⑦ KELLEE S. TSAI. The local political economy of informal finance and microfinance in rural china and india [J]. World Development,2004,32:1487-1507.

依赖。萨尔瓦多·雷尤等人（2010）[①]认为小额信贷的诞生还可以促进金融机构之间的竞争，规范交易行为。

1.2.2.4 微型金融运行模式研究

在发展中国家，目前试行较为成功的微型金融模式主要来自于孟加拉国、印度尼西亚和玻利维亚等国家。巴塔亚和贝拉蒂（2010）[②]认为小额信贷机构应该鼓励借款人逐步建立金融资产以满足自身的融资业务，并公开相应的贷款要求，给贫困的借款人提供更为合理的替代方案。乔丹·波林格等人（2007）[③]指出微小企业在金融市场上比较难获得资金，所以微型金融机构可以借鉴关系型融资模式（比如获得更多的捐赠、基金等方式）以支持中小企业的资金需求。

对于我国而言，中国小额信贷之父杜晓山教授（2004）[④]从宏观层面总结出我国实施小额信贷的组织模式有四种：①双边或多边项目。通过设立专门机构来管理和操作外援资金，按照出资机构的要求和规章运作小额信贷项目，简称为项目小额信贷。例如 UNDP 项目、世界银行资助项目、UNICCF 项目、加拿大 CIDA 的新疆项目等；②由民间机构实施的小额信贷扶贫项目，简称非政府组织专业性小额信贷。如中国社科院"扶贫社"项目、香港乐施会项目等；③由政府部门设立专门机构管理和操作的扶贫贴息贷款小额贷款扶贫项目，简称政府小额信贷。其中陕西省、云南省、四川省和广西壮族自治区规模和影响较大；④由金融机构直接操作的小额信贷项目，简称金融机构小额信贷。如河北省滦平县农村信用社的小额信贷项目、澳援青海项目执行期满后交地区农行继续扶持项目。

十多年来，学者们对于微型金融运行中是否应该实行小组联保运行模式存在着两种不同的认识。一种观点对其给予了积极的支持和鼓励（刘文璞、张

[①] SALVADOR RAYO, JUAN LARA RUBIO SR, DAVID CAMINO BLASCO. A credit scoring model for institutions of microfinance under the basel ii normative [J]. Journal of Economics, Finance & Administrative Science, 2010, 15 (28): 90-124.

[②] AMITRAJEET A. BATABYAL, HAMID BELADI. A model of microfinance with adverse selection, loan default, and self-financing [J]. RIT Economics Department Working Paper, 2009, (09/08): 1-20.

[③] J. JORDAN POLLINGER, JOHN OUTHWAITE, HECTOR CORDERO-GUZMÁN. The question of sustainability for microfinance institutions [J]. Journal of Small Business Management, 2007, 45 (1): 23-41.

[④] 杜晓山. 中国农村小额信贷的实践尝试 [J]. 中国农村经济, 2004 (8): 12-19.

保民，1997①；石俊志，2007②）；另一种观点却认为，传统小组联保模式在我国实施效果不佳，关于小组联保模式的理论研究也过于理想化，对于高收入者、中等收入者和低收入者要进行有效分离（刘锡良、洪正，2005）③。同时，周孟亮和李明贤（2010）④进一步指出，普惠金融体系的建立对我国小额信贷机制创新提出了新的要求，我们不应该照搬格莱珉银行小组联保模式，应该基于我国的实际情况开展小额信贷机制创新，建立一种客户主动还款的信贷机制。

1.2.2.5 微型金融可持续发展研究

近些年来，随着提供微型金融服务的机构不断增加，微型金融的扶贫功能日渐凸显，其可持续发展以及如何实现可持续发展已经成为国内学术界关注的热点。杜朝运等人（2009）⑤从小额信贷的利率角度展开了论述，研究发现我国小额信贷的现行利率普遍偏低，无法补偿小额信贷开展过程中的各项成本，并且会挫伤目前已开展小额信贷的金融机构扩大此项业务的积极性。谢升峰（2010）⑥认为保持微型金融的持续发展，要加强产品和业务创新，包括开发业主联保贷款、订单贷款、供应链融资、厂房按揭贷款和通用设备贷款等多种信贷品种，结合农村贷款需求短、频、小的特点，给予农村新型金融机构更多的经营自主权和贷款投放权，相应简化审贷程序。焦瑾璞（2010）⑦对此论题进行了补充，认为在坚持创新的同时还要逐步统一认识、实施有效监管、加强政策扶持，因为微型金融的服务对象不同于一般的商业银行客户。

上述学者因研究视角、方法和样本所取时间段的不同，而使得其结果也有所差异。诚然，MFIs 的社会扶贫功能及自身运营绩效的高低取决于许多因素，但却终究离不开一个重要的因素——风险程度的把握及控制。事实上，以上学者在分析的过程中几乎没有涉及该因素，忽视了对其进行深入研究的重要性。

---

① 刘文璞，张保民. 小额信贷：国际经验在中国扶贫中的实践 [J]. 中国贫困地区，1997 (1)：41-44.

② 石俊志. 小额信贷发展模式的国际比较及其对我国的启示 [J]. 国际金融研究，2007 (10)：4-9.

③ 刘锡良，洪正. 多机构共存下的小额信贷市场均衡 [J]. 金融研究，2005 (3)：68-79.

④ 周孟亮，李明贤. 小额信贷商业化、目标转移与交易成本控制 [J]. 经济学动态，2010 年 (12)：75-79.

⑤ 杜朝运，范玲玲，毕柳. 我国小额信贷利率问题的实证研究 [J]. 农业经济问题，2009 (5)：33-37.

⑥ 谢升峰. 微型金融与低收入群体信贷——理论及对我国新型农村金融机构的解析 [J]. 宏观经济研究，2010 (9)：49-53.

⑦ 焦瑾璞. 创造微型金融规范持续发展的良好环境 [J]. 中国金融，2010 (3)：73-74.

亚洲金融危机的恶果逐步引发了国内学者对金融安全问题的关注，但对这些问题的探讨大多数是基于全国整体视角上（陈松林，2002[①]和项俊波，2005[②]），很少涉及农村微型金融机构风险防范和治理领域。实际上，作为一种新生机构，农村微型金融机构的创建在解决"三农"困境中将肩负着特殊的历史使命，其安全稳健地运营必将是我们不可回避的重要话题。近几年来，美国金融危机爆发的成因也渐渐唤起了人们对这一问题的反思。王国良、褚利明（2009）[③]指出，目前国内一些微型金融组织内部权、责、利界定不清晰，从管理层到从业人员和服务对象都缺乏风险防范意识。焦瑾璞、陈瑾（2009）[④]总结出了国际微型金融监管的六项基本原则，并认为对微型金融机构的监管要求与普通商业银行是不同的，因此其强调清晰的监管思路和法律框架。

然而，上述成果还只是停留在对微型金融机构的金融风险问题的笼统介绍和指导上，缺乏较为具体系统的分析，尤其是定量分析，从而对我国当前的农村微型金融机构风险难以准确地把握和了解。此外，对于不同经济与金融发展水平、不同文化环境和习俗惯例的农村地区，微型金融机构的风险程度及监管措施、控制路径是否具有差异性且应该如何加以区别对待等问题，目前国内学者尚未进一步作出全面的研究。

1.3 本书结构安排

本书由九部分构成，具体结构安排可见图1.1。

第一部分，绪论——主要包括研究背景及意义、国内外研究现状、论文研究思路以及研究方法。

第二部分，理论分析——系统阐述了微型金融的相关概念、金融支持理论、农村金融理论和金融风险理论。

第三部分，现状描述——分别介绍了农村信用合作社、农村商业银行、邮政储蓄银行和农村新型金融机构发展的现状。

[①] 陈松林. 中国金融安全问题研究 [M]. 北京：中国金融出版社，2002.
[②] 项俊波. 金融风险的防范与法律制度的完善 [EB/OL]. (2005-04-27) http://biz.163.com.
[③] 王国良，褚利明. 微型金融与农村扶贫开发 [M]. 北京：中国财政经济出版社，2009.
[④] 焦瑾璞，陈瑾. 建设中国普惠金融体系 [M]. 北京：中国金融出版社，2009.

第四部分，机理分析——农村微型金融机构风险的生成机理，这部分分别从农村金融发展的规模、结构及效率三个方面对 1978 年以来农村金融发展的缺陷状况进行了论述，并结合农村金融的风险状况从外部生成机理和内部生成机理进行了详细的阐述。

第五部分，实证分析——农村微型金融机构风险的评价与度量，结合指标分析法和 VaR 分析法对各区域农村微型金融机构风险进行了定量分析，并运用相关分析检验了农村微型金融机构风险的影响因素。

第六部分，实证分析——发展绩效的实证研究，本书引入了新的经济指标并运用帕加诺模型检验了 1978—2010 年我国农村信用社的发展对农村居民收入增长的支持效应，随后运用面板模型检验了农村微型金融机构风险与经营绩效之间的动态关系。

第七部分，经验分析——分别介绍了孟加拉微型金融、印度尼西亚微型金融、印度微型金融和玻利维亚微型金融的成功经验，最后从其中得出了有益的启示。

第八部分，对策分析——事前防范，主要措施有：加强金融监管、构建系统的区域风险预警监测体系、逐步提高农村微型金融机构经营绩效、建立多元化农村金融体系、建立区域金融发展圈。

第九部分，对策分析——事中控制，主要措施有：及时的财政资金援助、实施有效的货币政策切断传染途径、完善微型金融机构内部控制、逐步扩大金融服务领域、优化农村金融生态。

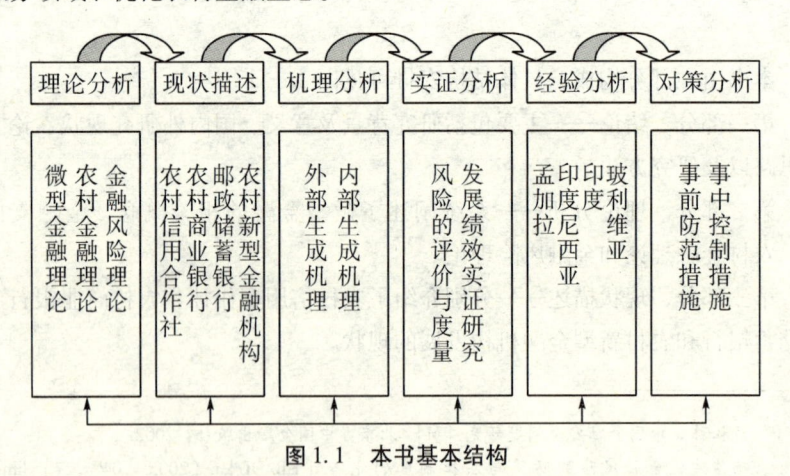

图 1.1　本书基本结构

1.4 研究方法

（1）宏观分析与微观分析相结合。本书紧密结合宏观层面和微观层面深入研究了农村微型金融机构的风险生成机理，并结合宏观先行指标和微观审慎指标构建了风险预警检测体系，从而使得研究结论及对策更具有现实性和针对性。

（2）定性分析和定量分析相结合。定性分析的目的是为了确定研究对象是否具有某种性质，因而本书将逻辑分析、制度分析、现实分析等方法有机渗透；定量分析主要是以帕加诺模型为主，结合协整检验、误差修正模型、Granger 因果关系检验、VaR 模型检验、脉冲响应和方差分解等方法，实证检验了 1978—2010 年我国农村信用社的发展对农村居民收入增长的支持效应。本书建立了面板数据模型动态检验了农村微型金融机构的风险与运营绩效之间的关系，并运用指标分析法和 VaR 对各样本金融机构的风险进行了检测和度量。

（3）实践调研法。本书将根据实际情况，选取一些地区的农村微型金融机构作为调查对象并进行实地考察，以收集直接性的资料进行研究。

（4）比较分析法。本书将农村微型金融机构的相关数据、指标分别与同期其他商业银行进行纵向比较；同时，结合测算的金融风险指标值，将三大地区的农村微型金融机构的风险特征进行了横向比较，使得分析的结论更有说服力。

2. 微型金融与金融风险的一般理论

2.1 微型金融的相关概念

2.1.1 金融的本质及作用

随着商品经济的日益发展，人们交易活动的日趋繁荣，学者们不断探索着如何更好地发展经济，探究经济增长的源泉和动力，但是不同年代得出的结论并不相同。古典经济学曾把土地、资本、劳动看成是经济发展的三大要素，而现代经济增长理论又把技术进步、制度创新等视为新的重要因素。综观世界各国近几百年的历程，不论是发达的工业国家，还是发展中的农业国家，都有一个因素的作用在不断地加强，尤其是在高度发达的现代经济中其已经成为经济发展的一个主要推动力，这个因素便是金融。

对于"金融"这一词语的由来，黄达（2001）[①] 认为"金融"一词并非古已有之。古有"金"、有"融"，但未见"金融"连在一起的词，该词最早来源于1915年出版的《辞源》和1937年出版的《辞海》中。然而，何为金融？这在理论上并没有统一的定义。《辞海》在20纪60年代的试用本和1979年的版本里对释文作了修订，即货币资金的融通一般指与货币流通与银行信用有关的一切活动，主要通过银行的各种业务来实现，如货币的发行、流通和回笼，存款的吸收和提取，贷款的发放和收回，国内外汇兑的往来以及资本主义制度下贴现市场和证券市场的活动等。

《新帕尔格雷夫经济学大辞典》[②] 中将金融定义为"资本市场的运营，资

[①] 黄达. 由讨论金融与金融学引出的"方法论"思考 [J]. 经济评论，2001（3）：56-60.
[②] 约翰, 伊特韦尔, 等. 新帕尔格雷夫经济学大辞典 [M]. 2卷. 北京：经济科学出版社，1992：345.

本资产的供给与定价。包括四个方面：有效的市场、风险与收益、替代与套利、期权定价。但金融的中心是资本市场的运营、资本资产的供给与定价"。刘鸿儒（1996）[①]认为金融有广义和狭义之分，广义的金融指一切与信用货币的发行、保管、兑换、结算、融通有关的经济活动，甚至还包括金银的买卖；狭义的金融专指信用货币的融通。罗伯特·莫顿（2000）[②]指出，金融学是研究人们在不确定的环境中如何进行资源的时间配置的科学。当然，罗伯特·莫顿主要是从微观的视角对金融的含义进行的分析，缺乏宏观层面的把握，笔者认为这样的定义过于狭隘。

诚然，尽管"金融"的概念还没有一致的界定，但是学者们对于金融在现代商品经济中的枢纽作用日益增强这一点已达成了共识。在传统计划经济体制下，经济运行的基本规律是"钱跟物走"，货币资金只是实施生产计划、物质分配计划和经济核算的一种附属工具，完全处于被动地位。而在商品经济或市场经济体制下，经济运行的规律是"物跟钱走"，货币资金不再处于附属和被动地位，而是处于一种主导地位，发挥着引导和配置生产要素的作用。金融已由最初商品交换的辅助工具逐步发展成为经济活动中一个相对独立的因素。一方面，金融通过促进储蓄和投资增长、优化资源配置、便利交换等活动，推动经济增长；另一方面，经济发展在客观上要求金融业本身也需不断壮大和发展。[③]总体而言，在现代的经济运行机制下，金融对经济发展的作用主要表现为以下五个方面：

其一，金融是现代经济中调节经济的重要杠杆。早期古典经济学家就谈论过货币的重要调节功能，"当物物交换停止，货币成为商业的通用工具时，每件具体的商品将更频繁地同货币而不是同其他商品进行交换"[④]、"从国家角度看，这种起良好调节作用的货币发行人究竟是政府还是银行无关紧要，无论由谁发行都同样可以增加财富"[⑤]。而在现代经济中，金融在建立和完善国家宏观调控体系中处于十分重要的地位。金融业是连接国民经济各方面的枢纽，是国民经济的信贷收支、现金收支和结算的中心，是国民经济活动的神经中枢。透过金融现象，可以反映经济运行中出现的新情况、新问题、新趋势。同时，利率、汇率、信贷规模、结算等金融手段又对微观经济主体有着直接的影响，

---

① 刘鸿儒. 简明金融词典 [M]. 北京：改革出版社，1996：46.
② 罗伯特·莫顿. 金融学 [M]. 欧阳颖，等，译. 北京：中国人民大学出版社，2000：4.
③ http://www.jiangxi.gov.cn.
④ 亚当·斯密. 国富论 [M]. 唐日松，译. 北京：华夏出版社，2005：25.
⑤ 李嘉图. 政治经济学及赋税原理 [M]. 周洁，译. 北京：华夏出版社，2005：255.

国家可以根据宏观经济政策的需要，通过中央银行制定货币政策，运用贷款限额、利率等各种金融调控手段，适时地调控货币供应的数量和结构，从而调节经济发展的规模、速度和效益，促进经济的发展。

其二，金融具有渗透扩散功能。这种渗透扩散功能的发挥主要借助于现代信用形式、手段和工具来实现。在现代经济中，各行业之间、财政机构与金融机构之间、中央与地方之间、短期资金和长期资金之间以及国家、企业与个人之间有着相对合理的并且稳定的相互渗透和制约机制，通过各种形式的金融资产的转换，使资金流动的空间更大、范围更宽、速度更快。当然，也正因如此，金融危机在各国之间蔓延的速度也是史无前例的，防范金融风险的爆发也必然提出新的挑战。

其三，通过金融的运行为经济一体化①发展提供基础。我们知道，金融机构的基本功能就是能实现资金的合理流动，优化资源配置，提高资本的运营效率。在现代经济生活中，货币资金作为重要的经济资源和财富，已成为沟通整个社会经济的命脉和媒介，现代的一切经济活动几乎都离不开货币资金运动。从狭义的经济一体化来看，金融连接着本区内各部门、各行业、各单位的生产经营，成为经济运行的重要杠杆和手段，极大加强了区内之间的合作与交流；从广义的经济一体化来看，在经济日益全球化的趋势中，资金与资源的配置打破了国界，金融渐渐在国际政治经济文化交往、国际贸易、资金转移和增强国际间经济技术合作等领域发挥着至关重要的作用。

其四，良好的金融环境可以促进储蓄并将其顺利转化为投资，从而为经济发展提供资金支持。马尔萨斯认为储蓄只有在转化为现实的投资之后，才能通过资金的增值实现经济的实质增长。从理论上分析，居民储蓄—投资直接转化率越高，则无疑意味着效率越高，从而会给经济带来更大的增长并使生活水平有更大幅度的提高。一方面，金融机构通过吸收存款和发行有价证券、向国外借款等将资金盈余单位的闲置资金组织起来；另一方面，通过发放贷款、贴现、票据、购买有价证券等方式将已有的资金提供给资金的赤字单位，从而提高资金的使用效率，最终在最大程度上促进社会发展。我们知道，整个金融市

---

① 经济一体化包含广义和狭义两个层面，广义的经济一体化即世界经济一体化，指世界各国经济之间彼此相互开放，形成相互联系、相互依赖的有机体；狭义的经济一体化，即地区经济一体化，指区域内两个或两个以上的国家或地区，在一个由政府授权组成的并具有超国家性的共同机构下，通过制定统一的对内对外经济政策、财政与金融政策等，消除国别之间阻碍经济贸易发展的障碍，实现区域内互利互惠、协调发展和资源优化配置，并最终形成一个政治经济高度协调统一的有机体的过程。

场存在直接融资和间接融资两种形式，二者是相辅相成、相互促进的。在不同的时期，经济发达程度和市场发育成熟的程度不同，有其不同的侧重。一般的，在商品经济不发达的时代和地区，私人之间的直接借贷占据重要地位；在商品经济高度发达国家和地区，更多的是以金融机构为中介的间接融资。

其五，金融的发展还有利于收入分配的调节。大量事实已经证明，金融的发展、服务水平的提升有利于穷人增进其生活质量（比如小额信贷的实施）。金融服务创新使穷人能克服不完全金融市场带来的信贷约束，从而改变他们的消费行为，扩充资金的来源渠道，克服"资金短缺可能导致的愈加贫困的恶性循环"。另外，穷人和富人初始财富差别很大，其财富积累的速度也有所差异，但由于进入金融市场融资的成本是一样的，随着金融市场的发展，穷人因收入的增加也具备了进入金融市场融资的能力，此时收入差距将会缩小。

2.1.2 微型金融的内涵与功能

准确定义微型金融，是研究和解决微型金融发展问题的首要前提。M. 欧拜杜拉（2008）[①] 指出，小额信贷就是为穷人提供正规的金融服务，帮助人们以自己的方式持续地摆脱贫困。穷人通过使用贷款、存款和其他金融服务，可以减少他们的脆弱性，并抓住应有的机会增加他们的收入。此外，小额信贷还可以提高教育和医疗保健水平，赋予妇女权利。M. 卡布哈森和 B. 萨彻斯（2009）[②] 从小额贷款的独特目标视角进行阐述，认为小额信贷机构是以贷款相对较少的低收入公民为目标并帮助他们从事生产活动（微型）的金融机构。它们不同于传统的金融机构，在这个意义上，它们只为低收入客户提供服务，并经常提供无抵押贷款。最重要的是，小额信贷机构是以社会福利最大化为最终目标的。

谢升峰（2010）[③] 指出，世界银行将微型金融定义为为低收入家庭提供贷款、储蓄、保险及货币支付等一系列金融服务的金融形式；联合国将微型金融视为普惠金融体系，即能有效、全方位地为社会所有阶层和群体提供服务的金融体系，该体系重点为目前的金融体系所没有覆盖到的社会人群提供有效的服务。

---

① MOHAMMED OBAIDULLAH. Role of microfinance in poverty alleviation: lessons from experiences in selected IDB member countries [J]. 2008 (1 429/2 740): 1 – 72.

② M. KABIR HASSAN, BENITO SANCHEZ. Efficiency analysis of microfinance institutions in developing countries [J]. Working Paper Series, 2009: 1 – 22.

③ 谢升峰. 微型金融与低收入群体信贷 [J]. 宏观经济研究, 2010 (9): 49 – 53.

关于微型金融的内涵，国内学者们分别从不同角度进行了阐述。吴国宝（1998）① 从微型金融准确的市场定位角度出发，基于对穷人进入正规信贷市场的困难性和政府采取贴息贷款扶贫的缺陷的考虑，认为应该将小额信贷扶持的穷人当做经济人而非救济对象来对待，需要充分考虑和利用穷人特殊的经济、社会及心理条件，从而使提供的资源能够更有效地发挥作用。他还指出小额信贷是对传统的非正规信贷方式改造和发展的结果，并通过金融制度、金融工具和穷人组织制度三个方面的创新，探索出了一条在市场经济体制下为穷人提供有效的信贷服务并同时实现信贷机构自身的可持续发展的新路子。后来，杜晓山和孙若梅（2000）② 作出了进一步的叙述，通过对我国1996年以来小额信贷政策变化的分析，指出小额信贷要逐步拓宽服务对象和市场，并且应根据不同地区不同客户的需求，提供有效的信贷服务，而不仅仅限于为贫困地区的贫困农户服务。

后来，张润林（2009）③ 比较全面地总结了微型金融的基本内涵，指出微型金融以低收入群体为目标客户，为他们提供贷款、储蓄、保险、转账和其他金融产品服务。其最主要的业务内容是发放微型信贷和吸收存款，尤其是向非常贫困的家庭及微型企业提供很少量的贷款（微型信贷），帮助他们进行生产性活动或小本经营。其显著特征是单笔交易额非常小，一般低于平均的人均国内生产总值水平。微型金融的典型客户是那些无法获得正式金融机构服务的低收入群体，主要是贫困的人群和一些经济上脆弱的非穷人，他们一般有持续的、规则的收入和较好的偿付能力。在乡村，这类客户通常是指小农场主和从事小型低收入劳动的人群，比如种植庄稼、饲养牲畜、进行食品加工和小买卖的人群。在城市，客户类型更加多样化，包括零售商、服务提供者、街头小贩等。但是，极度贫困且无收入来源的穷人与无家可归的穷人不在微型金融的服务范围内，他们主要依靠国家减贫项目的救济等获得最基本的生活保障。

在现有的经济运行条件下，笔者认为微型金融的内涵较上述机构和学者的观点有进一步拓展，主要指为低收入者、中小企业以及返乡创业农民、大学生创业等经费需求者提供小额度贷款（通常在5万元以下），以支持他们在生产、消费、投资等领域的金融服务。相应地，农村微型金融机构主要包括农村信用社、农村商业银行、中国农业银行、邮政储蓄银行、村镇银行、小额贷款

---

① 吴国宝. 农村小额信贷扶贫试验及其启示 [J]. 改革, 1998 (4): 87 - 94.
② 杜晓山, 孙若梅. 中国小额信贷的实践和政策思考 [J]. 财贸经济, 2000 (7): 32 - 37.
③ 张润林. 微型金融研究文献综述 [J]. 经济学动态, 2009 (4): 133 - 137.

公司和资金互助社等。

由于我国依然是个农业大国,农村市场化程度低、农业经济落后、小规模不经济的短缺效应显著、农民收入增加困难等缺陷表现十分突出,因此农村微型金融服务将会发挥出至关重要的作用。总的来看,微型金融对我国农村经济的促进作用大致表现为以下三点:

(1) 微型金融的发展有利于农户收入水平的提高。金融机构的目标当然是实现利润的最大化,但是从微型金融设立的宗旨来看,主要是以扶持贫困人口、发展农村经济为目的,通过为贫困人群或中低收入群体提供可持续的金融服务,来帮助其摆脱贫困。当前,微型金融的功能已经由单一的"扶贫"转向多元化"支农"金融服务,其最终目的就是为了提高农户的收入水平,逐步缩小城乡居民收入差距。著名的"三农"专家韩俊教授在《制约农民收入增长的制度性因素》[①] 一文中指出,农村金融服务严重不足是制约农民收入增长的一个重要因素。刘文璞(2000)通过问卷调查的方式对陕西丹凤县、四川仪陇县、云南师宗县与河南南召县具有一定小额信贷项目的616个农户进行了调查,调查结果显示,对于"你认为小额信贷对你们的家庭收入影响怎么样",认为"有影响的占87%",其中"大大提高"、"有所提高"和"降低"分别占29%、70%和1%[②]。当然,农村微型金融机构的收入效应离不开政府和金融监管部门的引导和帮助,而且还需要其在利益互动的基础上进行有机协调,以实现农户的效益最大化(见图2.1)。

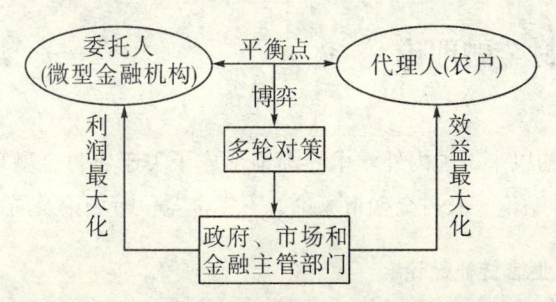

图2.1 微型金融机构与农户之间的博弈

(2) 微型金融为农村社会结构优化的发展提供资金支持。一方面,随着新农村建设的不断推进以及农村生产经营方式的转变,许多农户已从传统的农业生产中摆脱出来,农民的消费理念也得到进一步升级,迫切需要多样化、优

[①] 求是理论网 http://www.qstheory.cn/zxdk,2009年6月23日。
[②] 朱乾宇. 中国农户小额信贷影响研究 [M]. 北京:人民出版社,2010:159.

质量和高效率的资金与之相匹配。另一方面，当前我国已进入工业化、城镇化和农业现代化同步推进的新时期，资源约束更加突出，农村发展必须依靠科技投入、走内生增长道路，因此打造一个具有包容性和高效性的金融体系，逐步提高金融支农的"输血"功能，将成为振兴农村地区经济、全面构建小康社会的重要组成部分。因此，积极发挥小型金融组织在农村的劳动力转移、资本积累、公共服务、生产消费等方面的重要作用，为农村社会结构优化的发展提供资金支持显得尤为重要。

（3）微型金融的完善与发展可以加快我国农业现代化建设的进程。2001年12月11日，我国成为世界贸易组织的成员，这标志着我国各产业都要接受世界贸易组织的规则和机制，面临前所未有的竞争和挑战。2007年党的十七大报告中指出，在推进社会主义新农村建设的进程中，要"坚持把发展现代农业、繁荣农村经济作为首要任务"、"走中国特色农业现代化道路"。应该说，实现农业现代化是我国农业发展的长期目标，是我国农业发展的基本方向。从目前世界农业发展的大趋势和社会环境来看，我国的农业现代化，应具备生产过程机械化、生产技术科学化、增长方式集约化、经营循环市场化、生产组织社会化、生产绩效高优化以及劳动者智能化等特点。微型金融的完善与发展可以最大限度地满足我国农业和农村经济结构的战略性调整中的资金需求，提高农业整体素质和效益，提高农产品的科技含量。

2.2 农村金融理论

自20世纪初以来，国内外学术界渐渐形成了关于农村金融理论的几大学派：农业信贷补贴论、农村金融市场论、不完全竞争市场论及局部知识论。

2.2.1 农业信贷补贴论

20世纪80年代以前，在凯恩斯的"政府干预主义"的影响下，农村金融理论中一直处于主导地位的是农业信贷补贴论（Subsidized Credit Paradigm）。该理论的基本前提是农村居民、特别是贫困阶层没有储蓄能力，农村面临的是慢性资金不足的问题。同时，由于农业的产业特性，如收入的不确定性、投资的长期性、低收益性等，它也不可能成为以利润为目标的商业银行的融资对象。为此，该理论认为，有必要从农村外部注入政策性资金、并建立非营利性的专门金融机构来进行资金分配，以增加农业生产和缓解农村贫困。

该理论还进一步指出，为缩小农业与其他产业之间的结构性收入差距，对农业的融资利率必须较其他产业更低。考虑到地主和商人发放的高利贷及一般以高利率为特征的非正规金融使得农户更加穷困并且阻碍了农业生产的发展，为促使其消亡，可以通过银行的农村支行和农业信用合作组织，将大量低息的政策性资金注入农村。20世纪初，世界上许多国家的政府都设立了各种形式的农业金融机构，以补充农村资金的各种需求，达到保护、维持和倡导农业生产的需要。如美国1933和1935年的农产品信贷公司和农民家计局、日本1945的农林渔业金融公库（简称AFFFC）、泰国1966年的农业和农业合作社银行等。同时，以贫困阶层为目标的专项贷款也兴盛一时。印度1975年成立地区农村银行的目的就是为了"满足农村地区穷人的专门需要"。每个地区农村银行均由一家商业银行主办，核准资本为1 000万卢比，其资金主要来源于中央政府（缴纳注册资本金的50%）、邦政府（认缴35%）、主办商业银行（认缴15%），除此之外，地区农村银行还可以通过发行债券来筹措资金①。

毋庸置疑，农业信贷补贴论对扩大当时农村部门的资金来源及促进农业经济的发展曾起过一定的作用，但同时也带来了许多不利的问题，主要表现在：由于农民缺乏储蓄的激励，这使得信贷机构无法扩充自己的资金来源，从而给农业信贷带来巨大财政压力；还款率较低，金融市场风险较大；政府的信贷补贴政策会逐渐损害金融市场的可持续发展能力，很难建立一个真正高效、充满活力的金融中介；利率过低，使得银行偏好于照顾大农户，这使得低息贷款的主要受益人不是农村低收入的穷人，而是大笔贷款的较富有的农民。

2.2.2 农村金融市场论

20世纪80年代以来，以新古典经济学为理论基础、主张放松管制和自由竞争的新自由主义思潮开始出现，并且，伴随着此时农村金融理论的中心从货币、信用转向了金融，其方法也从纯理论性判断转向了实证研究，以亚当斯为代表的农村金融市场论（Rural Financial Markets Paradigm）逐渐替代了农业信贷补贴论。农村金融市场论是在对农业信贷补贴论批判的基础上产生的，强调市场机制的作用，其主要理论前提与农业信贷补贴论完全相反。该理论认为农村居民以及贫困阶层是有储蓄能力的，并且赞同麦金农和肖的观点，认为低利率政策阻碍了人们向金融机构存款，抑制了农村金融的发展。另外，农村金融市场论还认为，运用资金的外部依存度过高是导致贷款回收率降低的重要因

---

① 应寅锋，赵岩青. 国外的农村金融 [M]. 北京：中国社会出版社，2006：113-114.

素，由于农村资金拥有较多的机会成本，非正规金融的高利率是难以避免的。

根据农村金融市场论的观点，农村金融改革的政策主要有：①农村内部的金融中介在农村金融中发挥着重要作用，因此储蓄动员是非常关键的；②为实现储蓄动员、平衡资金供求，利率必须由市场决定，这样农村金融中介机构就能够补偿其经营成本，也可以鼓励其有效地动员农村储蓄，这将使它们更加不依赖于外部的资金来源。实际存款利率不能为负数；③判断农村金融成功与否，应根据金融机构的成果（资金中介量）与经营的自立性和持续性来进行；④没有必要实行为特定利益集团服务的目标贷款制度；⑤非正规金融具有合理性，不应无理取消，应当将正规金融市场与非正规金融市场结合起来。①

农村金融市场论虽然替代了农业信贷补贴论，但它的功效或许并没有想象中的那么大。例如，通过利率自由化能否使小农户充分地得到正式金融市场的贷款，仍然是一个问题。自由化的利率可能会减少对信贷的总需求，从而可以在一定程度上改善小农户获得资金的状况，但高成本和缺少担保品，可能仍会使它们不能借到所期望的那么多的资金，所以，仍然需要政府的介入以照顾小农户的利益。在一定的情况下，如果有适当的体制结构来管理信贷计划的话，对发展中国家农村金融市场的介入仍然是有道理的。

2.2.3　不完全竞争市场论

20 世纪 90 年代以来全球爆发了三次较为严重的金融危机：1992—1993 年的欧洲货币危机、1994 年的墨西哥比索危机和 1997 年 7 月开始的东南亚金融危机。危机发生的频繁性及其后果的严重性已开始引发人们对金融自由化的思考。汤姆斯·赫尔曼、卡温·莫德克和约瑟夫·斯蒂格利茨等新凯恩斯主义者运用"有效需求理论"和信息经济学的工具，重新审视了金融自由化与政府干预的问题，形成了"不完全竞争市场论"（Imperfect Market Paradigm）。该理论的基本框架是：发展中国家的金融市场不是一个完全竞争的市场，尤其是贷款一方（金融机构）对借款人的情况根本无法充分掌握（不完全信息），如果完全依靠市场机制就可能无法培育出一个社会所需要的金融市场。为了补救市场的失效部分，有必要采用诸如政府适当介入金融市场以及借款人的组织化等非市场要素。

不完全竞争市场理论认为，尽管农村金融市场可能存在的市场缺陷要求政

---

① 张元红，等. 当代农村金融发展的理论与实践 [M]. 南昌：江西人民出版社，2002：15-16.

府和提供贷款的机构介入其中，但也必须认识到，任何形式的介入，如果要能够有效地克服由市场缺陷所带来的问题，都必须要求具有完善的体制结构。因此，对发展中国家农村金融市场的非市场要素介入，首先应该关注改革和加强农村金融机构，排除阻碍农村金融市场有效运行的障碍。这包括消除获得政府优惠贷款方面的垄断局面，并随着逐步取消补贴而越来越使优惠贷款集中面向小农户，以及放开利率后使农村金融机构可以完全补偿其运营成本。尽管外部资金在改革金融机构并帮助其起步方面是必需的，但政府和提供贷款的单位所提供的资金应首先用于机构建设的目的，这包括培训管理人员、监督人员和贷款人员以及建立完善的会计、审计和管理信息系统。

斯蒂格利茨对不完全市场、信息不对称（比如借款人和放贷人之间）问题的研究成果，对金融研究有着较大的影响，并于2001年获得诺贝尔经济学奖。斯蒂格利茨主张政府干预，其隐含观点是，市场上的不完全信息问题作为"市场缺陷"可以用政府干预的方式予以解决。但从知识论角度看，他的观点存在着一个悖论：政府相对于市场而言，存在着一种特点，即善于运用为众人所共知的全局知识（global knowledge）而不善于运用分散在不同时间和地点的局部知识。用较多的政府干预来解决不完全信息问题，往往可能是以政府之所短替代市场之所长。

不完全竞争市场理论的主要政策建议有[①]：①金融市场发展的前提条件是低通货膨胀等宏观经济的稳定。②在金融市场发育到一定程度之前，相比利率自由化，更应当注意将实际存款利率保持在正数范围内，同时抑制存款利率的增长，若因此而产生信用分配和过度信用需求问题，可由政府在不损害金融机构储蓄动员动机的同时从外部提供资金。③为促进金融机构的发展，应给予其一定的特殊政策，如限制新参与者等保护措施。④在不损害银行最基本利益的范围内，政策性金融（面向特定部门的低息融资）是有效的。⑤为确保贷款的回收，融资与实物买卖（肥料、作物等）相结合的方法是有效的。⑥为改善信息的非对称性，利用担保融资、使用权担保以及互助储金会等办法是有效的。⑦为避免农村金融市场存在不完全信息而导致的贷款回收率低下问题，可以利用借款人连保小组以及组织借款人互助合作的形式，而且政府应该鼓励这种农民组织的形成。⑧非正规金融市场一般效率较低，可以通过政府的适当介入来加以改善。

---

① 张元红，等.当代农村金融发展的理论与实践[M].南昌：江西人民出版社，2002：16-17.

2.2.4　局部知识论[①]

与不完全竞争市场论相对应,针对农村金融市场中局部知识的大量存在,许多学者运用哈耶克的局部知识(Local Knowledge)来阐述农村金融领域中的信息不对称情况不应是政府干预的理由,这种情况恰恰可以主要依靠市场机制和竞争机制加以解决。因为竞争有助于减少和在一定程度上缓解农村金融市场中信息不对称的问题。有别于不完全竞争市场论,局部知识论(Local Knowledge Paradigm)更多考虑的是如何从知识论角度出发,解决不完全竞争和信息不完全问题。

哈耶克强调竞争是一种发现过程(哈耶克,1968,1969)。也就是说,竞争是一种发现信息、减少不完全信息和信息不对称的过程。哈耶克的局部知识论是指存在着许多分散在不同时间和地点的局部知识,只有通过知识的分工才能充分利用,而竞争有助于发现这些知识,促进知识分工,从而增进合作(哈耶克,1937,1945,1948)。据此,在特定时间和地点的现场交易(包括现场金融交易)应该最能发现和利用局部知识,从而减少信息不对称。

冯兴元等(2004)进一步分析了农村金融市场中局部知识论的意蕴:

(1)农村金融供给者应该贴近存在局部知识的具体的人和地方,满足当地的金融服务需求,并从中获取回报。

(2)农村金融组织或者活动的多样性可以导致更多金融工具的创新,使市场逼近或者近似于完全竞争市场。信息不完全的情况可以通过促进竞争(比如促进机构多样性)来缓解。

(3)农村分散的局部知识的最佳利用者,是那些着眼于贴近农村经济主体的合作金融机构、非正式金融、地方中小型商业金融机构、小额信贷机构等,它们应该成为农村金融市场的主体。这些金融组织机构(或活动)竞争的存在,对于农村金融体系的效率以及金融资源优化配置至关重要。相应的农村金融市场,就是农村竞争性金融市场。

(4)自下而上建立的农村金融机构或组织,就地就近在农户和其他金融服务需求者身边,利用局部知识作出决策则最能实现金融效率。自上而下建立的组织相对而言没有这一优势。

(5)由于政府不如市场主体本身更能因地制宜地发现和利用分散的局部

[①] 冯兴元,何梦笔,何广文.试论中国农村金融的多元化——一种局部知识范式视角[J].中国农村观察,2004(5):17-29.

知识，相对于商业金融、合作金融、非正式金融来说，政府在农村金融市场中的直接参与供给作用应该是辅助性的，政府补贴信贷的作用也一样。

（6）政府可在提供授能环境（enabling environment），建立与维持市场秩序框架方面发挥重要的作用。这一方面体现在金融监管当局对正式金融机构的监管，另外一方面体现在对非正式金融的某种最低必要程度的监管。非正式金融市场行为具有交易成本低、信息对称、能够充分利用地方局部知识等特点，一般具有较高的效率，但也可能存在一定的负面影响，例如农村合会可能在有会员或者会首违约时出现倒会浪潮，这就需要某种最低程度的运作秩序框架。

（7）局部知识论也意味着金融监管当局在监管方面也存在信息不完全的问题，这说明，金融监管当局的监管需要与社会监管（包括存款人监管）和所有人监管相结合。后两者在利用局部知识方面往往有着优势。金融监管当局对金融机构或者金融活动的信息披露要求是必需的，其实质是强制性把所要求的那部分局部知识转化为全局知识、准全局知识或共享知识，从而为其实施监管创造条件。

（8）应鼓励金融服务供给者和需求者自发的贷款安全制度创新，这些创新往往可以成为对监管的部分替代。比如，为避免农村金融市场因存在不完全信息而导致的贷款回收率低下的问题，可鼓励组建借款人连带保证小组以及组织借款人互助合作。又如，为了防范金融机构的金融风险，可鼓励同类金融机构（如信用社）之间建立互助性保险基金。这里隐含的是一些自治性相互监控安排，其理念在于首先应利用局部知识的载体本身来监控、分散风险。

最后，冯兴元等得出了相应的结论：可以通过引入金融组织或活动多样化来促进农村金融市场竞争，实现农村竞争性金融秩序，建设竞争性的金融市场。在竞争性金融市场的边际之外，也就是在竞争性金融市场不能发挥作用之处，政策融资工具（补贴、参与担保、金融租赁、促进小额信贷的商业化和财务上的可持续性等）可以发挥辅助性的作用。

2.3 金融风险理论

2.3.1 金融脆弱性理论

现代金融脆弱性理论研究源于1982年美国经济学家明斯基提出的"金融脆弱性假说"。金融脆弱性（Financial Fragility）通常是指一种趋于高风险的金融状态，泛指一切融资领域中的风险积聚，具体可分为银行体系内在脆弱性与金融市场内在脆弱性。从银行方面来看，金融脆弱性主要表现为其盈利能力的下降、流动性较弱、管理不善、内部控制的缺陷等。从金融部门来看，下列指标可以反映：①短期债务与外汇储备比例失调；②巨额经常项目逆差；③预算赤字大；④资本流动的组成中，短期资本比例过高；⑤汇率定值过高；⑥货币供应量迅速增加；⑦通货膨胀率在10个月内的平均水平高于平均历史水平8%以上；⑧M2对官方储备比率连续12个月上升后急速下降；⑨高利率。①

明斯基的分析基于资本主义繁荣与萧条长波理论的基础之上，他指出正是在经济的繁荣时期埋下了金融动荡的种子。在资本主义经济50年上升时期的头20~30年间，贷款人的贷款条件越来越宽松，而借款人则积极地利用宽松有利的信贷资金环境。借款的企业分为三类：一类是抵补性企业，它只根据自己未来的现金流量作抵补性的融资，它们是最安全的借款人；第二类是投机性的借款人，它们根据预测的未来资金丰缺程度和时间来确定借款；第三类是高风险的借款企业，它们借款用于投资回收期很长的项目，在较长时期内它们都无法用投资的收益还本付息，而需要滚动融资用于支付本息。随着经济的进一步繁荣，在借款人中后两类的比重越来越大，而较为安全的第一类借款人所占比重却越来越小。生产部门、个人和家庭的债务对收入的比例都越来越高，股票和不动产的价格持续上涨，似乎没有上限。②

金融脆弱性的形成原因有很多，经济学家主要从信息不对称、资产价格波动及金融自由化三个方面进行了剖析：

（1）信息不对称与金融脆弱性。1961年斯蒂格利茨的《信息经济学》论文，打破了传统经济学理论界的完全信息基本假设，强调信息的不完全性，并首次将信息问题引入到经济学领域。他们认为，现实的世界信息是不完全的，各类人员对有关信息的了解是有差异的，掌握信息比较充分的人员，往往处于比较有利的地位，而信息贫乏的人员，则处于劣势的地位。事实上，不确定性是客观存在的。人们进行经济决策时不可能了解所有相关信息，更不可能准确地预见未来，这就决定了人们从事任何经济活动都会面临风险。作为从事信贷的金融业，对贷款者的所有信息，诸如贷款者的相关信息、贷款用途、信用等级等并非都能完全掌握。其次，偶然性事件的发生和过度借贷也会导致高风险③。

---

① 唐旭.金融理论前沿课题：2辑[M].北京：中国金融出版社，2003：56.
② 李心丹，傅浩.国外金融体系风险理论综述[J].经济学动态，1998（1）：66-72.
③ JOSHUA V. ROSENBERG, TIL SCHUERMANN. A general approach to integrated risk management with skewed, Fat-Tailed Risk [J]. FRB of New York Staff Report, 2004 (185): 1-67.

（2）资产价格波动与金融脆弱性。受其他因素的影响，资产价格会存在一定幅度的波动，具体表现为价格上涨或者下跌。当资产价格处于上涨阶段时，投机资金会增加，从而进一步推动资产价格的进一步上升，远远高出它本身所具有的价值，最终导致泡沫经济的不利局面。如果这种周而复始的状态一直存在，那么当实体经济无法支持高涨的资产价格时，任何细微的诱因都会使市场崩溃、泡沫破裂、金融机构倒闭，从而酿成经济危机。费雪（1933）[①] 是第一个研究金融市场波动与实体经济关系的学者，他从美国大萧条的教训出发，认为大萧条是金融市场运行失常的结果，同时出现负债过度和通货紧缩是金融市场产生大动荡的根本原因，这一学说被称为"负债—通货紧缩理论"。

（3）金融自由化与金融脆弱性。麦金农和肖在1973年分别提出了著名的"金融抑制"（Financial Repression）和"金融深化"（Financial Deepening）理论。在麦金农的《经济发展中的货币与资本》和肖的《经济发展中的金融深化》中，他们针对当时发展中国家普遍存在的金融市场不完全、资本市场严重扭曲和患有政府对金融的"干预综合症"，分别从"金融抑制"和"金融深化"这两个不同角度，全面论证了货币金融与经济发展的辩证关系。他们主张，要改革金融制度，减少政府对金融的过度干预，放松对金融机构和金融市场的限制，增强国内的筹资功能以改变对外资的过度依赖，放松对利率和汇率的管制使之市场化，从而使利率能反映资金供求，汇率能反映外汇供求，促进国内储蓄率的提高，最终达到抑制通货膨胀，刺激经济增长的目的。毋庸置疑，金融自由化的推进过程中同时也会加深金融业本身的风险，尤其需要内在经济制度的保证。滑冬玲（2006）[②] 通过对制度、初始条件、结构改革、宏观经济政策与金融自由化关系的实证研究，认为制度是转轨国家金融自由化改革绩效的关键因素。而傅铭深、米运生（2010）[③] 的研究也表明，金融自由化会产生负产出效应。负产出是基本的风险源，金融、实际部门的任何冲击以及制度与政策失灵都可能引发金融危机。

2.3.2　金融危机理论

自20世纪70年代布雷顿森林体系崩溃、牙买加体系建立之后，如何有效

[①] IRVING FISHER. The debt-deflation theory of great depressions [J]. Econometrica, 1933: 337-357.

[②] 滑冬玲. 转轨国家制度与金融自由化关系的实证研究 [J]. 金融研究, 2006 (1): 109-117.

[③] 傅铭深, 米运生. 金融自由化、非对称调整与新兴市场的金融危机 [J]. 当代经济科学, 2010 (2): 38-44.

地防范、控制与治理金融危机开始引起人们的关注和思考。仅20世纪90年代全球就爆发了三次较为严重的金融危机：1992—1993年的欧洲货币危机、1994年的墨西哥比索危机、1997年7月开始的东南亚金融危机。危机发生的频繁性及其后果的严重性已严重影响了一国乃至全球经济金融体系的稳定。金融风险形成、积累和转化为金融危机的过程，实际上是一个从量变到质变的演变过程。这个转变过程，也就是相关的经济状态从均衡转向失衡的过程。

从已有的经验来看，引发金融危机的原因主要有三个方面：①国际收支失衡引发的汇率危机。众所周知，巨大的国际收支赤字会消耗降低其国际资信。而且，当国际收支均衡被破坏到一定程度时，该国的汇价就会发生较大幅度的波动，从而引发货币替代、资本外逃和投资者信心崩溃。②经济结构失衡引发的金融危机。宏观经济结构失衡主要表现为第一产业、第二产业和第三产业之间的比例失调，可能出现的一种普遍现象就是第一产业停滞甚至出现倒退，而第三产业（如金融业、商业等）发展过快，最终使处于第一产业的农民和第二产业的工人阶层的处境越发困难。因而，从整个社会发展视角进行考虑的话，这种失衡一方面会引发收入分配的极不合理和收入差距的过大，最终导致社会矛盾加剧，引起动荡；另一方面还会造成金融市场发展缺乏动力，出现虚假"繁荣"，形成泡沫经济。当泡沫经济发展到一定程度后，必然会引起金融危机。③资本借贷失衡引发的借贷危机。资本借贷危机具体表现为两个方面：一是国内金融机构的借贷危机；二是国际间的借贷危机。一方面，当一家金融机构的资本借贷失衡增加到一定程度时，就会导致金融机构不良资产增多和流动性风险加大。此时，存款人将会尽可能把他们的存款转化为现金，因此就会发生挤兑风波。另一方面，当一国债务或者说外债依存度达到一定程度时，国内外投资者的信心将会大为降低而纷纷撤资。当大量的资金撤出时，最终就会陷入资金困难的恶性循环，从而引发金融危机。

同时，从金融系统出现紊乱到经济全面衰退存在一系列的过程与环节，所有这些过程和环节的集合就是金融危机的传导机制。

（1）国内传导机制。金融危机的国内传导主要表现为由货币危机向资本市场危机和银行业危机转变，进而向全面的金融危机演变的过程。更精确地讲，就是一国货币的大幅度贬值会引起银行系统收支状况的恶化，与此同时影响企业的生产和经营，企业的亏损将直接引起股市崩溃。简单而言，我们可将这一传导过程表示为：货币危机——银行危机——资本市场危机——全面金融危机。

（2）国际传导机制。20世纪90年代，学术界开始对金融危机的国际传导机制进行深入的研究。如格拉克和斯梅兹、波德、玛森等都为此做出了贡献。从他们的研究成果来看,金融危机的国际传导机制大致可以分为以下三类:①危机传导的波及效应。当一个国家发生危机时,同时也恶化了另一个国家的宏观经济基础,从而导致另一个国家也发生危机。我们从1997年东南亚金融危机的波及效应就可以感觉到,在泰国金融系统发生混乱不久,新加坡、韩国、日本、马来西亚等国家即刻就分别受到了不同程度的影响。②危机传导的季风效应。即以发达国家为主导的全球经济环境的变动必然会对许多发展中国家产生不同程度的影响。在经济全球化的今天,无论是在政治、经济还是文化方面,发达国家依然处于主导地位。正如迈克尔·佩蒂斯所认为的,始于发达国家的大范围的资本流动性收缩是导致金融危机的根本原因。③危机传导的贸易效应。一国发生危机时通常会导致本国货币贬值,必然使该国出口竞争力增强,对其贸易伙伴国的出口增加而进口减少,导致贸易伙伴国的贸易赤字增加,经济情况恶化,此时称为"贸易伙伴型传导"。另外还有一种是"竞争型传导",即竞争中的两国的出口产品竞争于同一个市场,其中一国所遭受的货币危机使该国货币大幅度贬值,从而降低了对方的出口竞争力,并导致其宏观经济恶化,从而引发投机者对另一国货币发起攻击。

3. 我国农村微型金融机构发展的现状

3.1 农村信用合作社

3.1.1 农村信用合作社的发展历程

农村信用合作社简称"农信社",以互助、自助为目的,在社员中开展存款、放款业务。中国第一家农村信用社于1923年创建于河北省香河县。新中国成立以后,农村信用社逐步进入到经济领域。1951年5月中国人民银行总行召开的第一次全国农村金融工作会议决定大力发展农村信用社。1977年国务院颁发了《关于整顿和加强银行工作的几项规定》,明确"农信社是集体金融组织,又是国家银行在农村的基层机构",并规定农信社由中国人民银行进行管理。1979年2月23日,国务院在《关于恢复中国农业银行的通知》中规定,中国农业银行的主要任务是统一管理支农资金,集中办理农村信贷,领导农信社,发展农村金融事业;同时还规定农信社既是集体所有制的金融组织,又是中国农业银行的基层机构。因此,此时的农村信用社被划归农业银行代管,逐渐失去了自主权,逐渐走上了"官办"的道路。1982年底,有关高层会议和中央文件否定了信用合作社双重管理体制,重申信用合作社应坚持合作金融组织的性质,并先后进行了以搞活业务为中心、恢复和加强信用社的"三性"(组织上的群众性、管理上的民主性、经营上的灵活性)、理顺农业银行与农村信用社关系的改革。

国务院1984年转发了中国农业银行《关于改革信用社管理体制报告》,提出了把农信社办成"自主经营、自负盈亏"的群众性合作金融组织。之后,中国农业银行对农信社进行了民主管理、业务管理、组织建设等方面的一系列改革,推动了农信社事业的大发展。1995年底,全国共有独立核算农信社50 219个,县级联社2 409个,所有者权益达632亿元,其中实收资本378亿元,总资产9 857亿元;各项存款余额达7 173亿元,其中储蓄存款6 196亿元,吸收了农村储蓄的60%以上;各项贷款达到5 176亿元,占整个农业生产贷款的60%以上,农户贷款的80%以上,乡镇企业贷款的70%以上。

1996年8月国务院《关于农村金融体制改革的决定》出台,标志着农村金融体制改革的启动。《关于农村金融体制改革的决定》指出,改革的核心是把农村信用社办成由社员入股、社员民主管理、主要为社员服务的真正的农村合作金融组织。为了加强对农信社的金融监管,有效防范与化解风险,1997年6月,国务院决定中国人民银行内设农村金融监督管理局,负责对农信社的行业管理和监管工作。

2003年6月27日,在江苏省农村信用社改革试点的基础上,国务院出台了《深化农村信用社改革试点方案》,决定扩大试点范围,将山东省等8省(市)列为试点单位,自此拉开了新一轮农信社改革的序幕。该方案明确指出:"按照'明晰产权关系、强化约束机制、增强服务功能、国家适度支持、地方政府负责'的总体要求,加快信用社管理体制和产权制度改革,把信用社逐步办成由农民、农村工商户和各类经济组织入股,为农民、农业和农村经济服务的社区性地方金融机构。"这次农村信用社改革,重点解决两个问题:一是以法人为单位,改革信用社产权制度,明晰产权关系,完善法人治理结构;二是改革信用社管理体制,将信用社的管理交由地方政府负责,成立农村信用社省(市)级联社。2003年银监会成立,农信社的监管职能转入银监会(见表3.1)。

表3.1　　　　改革开放以来农村信用社的领导管理机构变化表

领导管理机构	时间期限
中国农业银行	1979年3月—1996年10月
中国人民银行	1996年11月—2003年3月
银监会	2003年4月至今

2004年8月17日《关于进一步深化农村信用社改革试点的意见》明确提出,农村信用社改革要坚持市场化的改革取向,以服务农业、农村和农民为宗旨。在总结前一段试点工作的基础上,决定把北京等21个省、区、市作为进

一步深化农村信用社改革试点单位①，要求先期开展试点的8个省（市）要在总结经验的基础上，进一步把农村信用社改革推向深入。农村信用社改革试点取得重要阶段性成果。

2011年，中国人民银行对全国已兑付专项票据的2 311个县（市）农村信用社的改革成效进行了考核，并分类实施激励约束措施，对进一步深化农村信用社改革发挥了重要作用。农村信用社资产质量和经营财务状况显著改善。按照贷款五级分类口径统计，2011年年末，全国农村信用社不良贷款比例比上年末下降1.9个百分点；资本充足率和资产利润率分别比上年末提高2.0个和0.3个百分点。资金实力和支农信贷投放大幅增长。2011年，全国农村信用社新增涉农贷款和农户贷款7 374亿元和3 093亿元，年末余额分别增长19%和15%。产权制度改革稳步推进，截至2011年末，全国共组建以县（市）为单位的统一法人农村信用社1 882家。②

3.1.2 农村信用合作社的运行机制

1. 业务范围

农村信用社的主要业务有传统的存款和贷款（见表3.2）。近年来，随着我国农村经济的不断迅速发展，农村信用社在立足、服务"三农"的基础上，积极拓展服务领域、创新服务品种、增加服务手段，服务功能进一步增强。部分地区的农村信用社先后开办了代理、信托、租赁、结算、担保、信用卡、咨询等中间业务，尝试开办了票据贴现、外汇交易、电话银行、网上银行等新业务，为社员、客户提供了更加优质便捷的金融服务。经过多年的发展，农村信用社的机构与职工数量得到合理精简整编（机构数由1995年的50 219个减少至2010年的2 646个，职工人数也由1995年的634 245个减少至2010年的550 859个），存贷款逐年稳步增长，各项业务也有了长足发展，支农力度不断加大。

表3.2　1995—2010年农村信用社的机构数、职工人数及存贷款

年份	机构数（个）	职工人数（人）	存款额（亿元）	贷款额（亿元）
1995	50 219	634 245	7 172.89	5 175.83

---

① 这21个省（区、市）分别是：北京、上海、天津、河北、广东、福建、山西、辽宁、黑龙江、安徽、湖北、河南、湖南、广西、四川、云南、甘肃、宁夏、青海、内蒙古和新疆。
② 《2011中国区域金融运行报告》第7页。

表3.2(续)

年份	机构数（个）	职工人数（人）	存款额（亿元）	贷款额（亿元）
1996	49 692	648 613	8 793.58	6 289.84
1997	50 513	650 122	10 555.75	7 273.23
1998	44 258	645 285	12 191.47	8 340.18
1999	41 755	642 273	13 358.09	9 225.59
2000	40 141	645 889	15 129.43	10 489.29
2001	38 057	615 550	17 263.45	11 971.16
2002	35 544	628 154	19 875.47	13 937.71
2003	33 979	675 711	23 710.20	16 978.69
2004	32 869	651 664	27 289.10	19 237.84
2005	27 101	627 141	27 605.61	18 680.86
2006	19 348	634 659	30 341.28	20 681.90
2007	8 509	716 058	35 167.03	24 121.61
2008	4 965	583 767	41 548.86	27 452.32
2009	3 056	570 366	47 306.73	32 156.31
2010	2 646	550 859	50 409.95	33 972.91

注：①资料来源于《中国金融年鉴》(1997—2011)。

②农村信用社机构数由法人机构和非法人机构组成，本表中的2000年及以后的农村信用社机构数为法人机构数量，其中2007年的职工人数和机构数为农村金融机构的数额。

2. 发展模式

关于农村信用社的未来发展模式问题，理论界曾经有过两种不同的观点，一种观点认为要坚持合作制，另一种观点则主张放弃合作制。①坚持合作制。史建平、周素彦（2004）[1]认为，长期以来我国农村信用社按照合作制进行规范绩效差的主要原因是农村信用社产权制度改革的国家偏好和农民的接受程度之间存在着巨大的矛盾。对于农村信用社的组织形式，他们主张要坚定农村信用社合作制改革的基本方向。②放弃合作制。谢平（2001）[2]认为，合作制是

---

① 史建平，周素彦. 农村信用社产权制度改革：理论、绩效与出路 [J]. 中央财经大学学报，2004 (1)：21-26.

② 谢平. 中国农村信用合作社体制改革的争论 [J]. 金融研究，2001 (1)：1-13.

一种产权制度或企业制度，它需要一系列前提条件。中国近50年来就不存在合作制生存的条件，在当前制度背景下，现有农村信用社体制确实不具备向真正合作制过渡的可能性。开展深化农信社改革试点工作5年来，中国探索和实践了股份制、股份合作制等新的产权模式及农村商业银行、农村合作银行和以县（市）为单位统一法人等组织形式。

在实践中，我国农村信用社选择了第二种发展模式。国家银监会副主席蒋定之强调，农信社改革的核心在于产权，必须加快推进农村合作金融机构的股份制改革进程，先对城区和城乡一体化程度较高地区的机构实施股份制改造，再逐步向农村地区扩展推广。截至2010年末，全国农村合作金融机构共有法人机构2 954个，占全国银行业金融机构的78.5%。其贷款余额达到5.7万亿，占全部银行业金融机构贷款的11.1%，比2002年末增长了4.3万亿元，增长率达到307%。并且，全国银行业金融机构涉农贷款余额为11.8万亿，而农村合作金融机构涉农贷款余额为3.9万亿，占比达32.9%。涉农贷款余额比建立涉农信贷统计制度的2007年末增长1.79万亿元，增长85.8%。在涉农贷款中，农户贷款为2万亿元，占全部银行业金融机构农户贷款2.6万亿元的78%。支农服务主力军地位不断稳固。[①]

3. 风险管理

（1）流动性风险管理。根据中国银行业监督委员会2005年颁发的《农村合作金融机构风险评价和预警指标体系（试行）》，流动性风险的衡量方法主要有备付金比例、流动性比例（不低于25%）、流动性缺口率（不低于-10%）、核心负债依存度（不低于60%）和拆入金比例等5个指标。

（2）利率风险管理。利率是现代经济和金融的核心。在金融市场上，利率的走势完全可以左右一国的货币市场和资本市场，进而对整个国民经济造成影响。随着我国市场化利率体系的逐步建立，我国金融市场中利率波动的不确定性加大，我国农村信用社将面临越来越大的利率风险。如何提高利率风险的管理水平，不仅是我国农村信用社适应我国利率市场化改革的内在要求，同时也是农村信用社面临国外银行竞争提高自身综合实力的迫切需要。

（3）信用风险管理。市场经济是信用经济，良好的信用关系是市场经济赖以生存和发展的基础。但是在我国广大农村地区，信用存在严重缺失问题，这已阻碍了农业和农村经济的发展，也给农村金融服务的主力军——农村信用社带来了大量信用风险，严重制约着农村信用社自身的改革和发展。因此，各

---

① http://www.zgjrw.com，2011年3月22日。

农村信用社通常采用"5C"①、"5W"② 或"5P"③ 分析法,从而确定是否贷款、贷款标准及随后的贷款跟踪等问题。④

案例介绍:

一、烟台市农村信用社创新融资渠道,支持小微企业发展⑤

在烟台,全市农村信用社的实策惠举已直接支持236家果品企业,大规模果品种植农户245户,已累计向苹果产业建设项目发放贷款超过20亿元。小微企业渴望做大做强,其面临的最大瓶颈是"差钱"。要将扶持效应做到最大,就必须通过创新金融服务,将信贷资金重心投向"三农"和小微企业,着力支持实体经济加快发展。2011年,烟台市农村信用社各项贷款余额已达564.53亿元,占烟台市银行业贷款总额的19%,新增实体贷款高达89亿元,居全省系统内首位,在全市银行业金融机构中独占鳌头。其中,涉农贷款余额达415.05亿元,比年初增加67.11亿元,增长19.29%;小微企业贷款余额达288.93亿元,比年初增加60.39亿元,增长26.43%,当年新增涉农贷款和小微企业贷款市场占比分别达到25%和27.58%。

针对果农推出的"苹果仓单质押贷款",仅是烟台市农信社为"三农"和小微企业畅通融资渠道、贴近服务创新工作的一个缩影。除此之外,还结合农村土地改革实行了"集体土地流转抵押贷款",面向黄金产业开办了"黄金质押贷款",针对海参养殖开发了"海参质押贷款",立足海洋产业推行了"海域使用权和船舶抵押贷款",支持葡萄酒产业推出了"葡萄种植伞式联保贷款",服务港口物流业开办了"港银通贷款",以及应收账款质押、商铺抵押、原材料等存货质押、动产第三方监管质押等担保方式;在创新贷款担保机制上,相继推出了小额农户贷款、个体工商户贷款、农民专业合作社贷款、大联保体贷款、农民住房消费贷款、企业流动资金贷款、信用共同体贷款等贷款产品。统计显示,为这些特色产业和支柱产业融资"解渴",全市农信社目前已累计发放担保贷款7.69亿元,惠及农户、个体工商户和小微企业3.68万户。

---

① "5C"是指道德品质(Character)、还款能力(Capacity)、资本实力(Capital)、担保情况(Collateral)、经营环境条件(Condition)。

② "5W"是指借款人(Who)、借款用途(Why)、还款期限(When)、担保物品(What)、如何还款(How)。

③ "5P"是指个人因素(Personal)、借款目的(Purpose)、偿还情况(Payment)、保障(protection)、发展前景(Perspective)。

④ 郭家万.中国农村合作金融[M].北京:中国金融出版社,2006:241-260.

⑤ http://www.sdnxs.com,2012年3月28日。

在创新贷款服务方面，市农村信用社对农户和个体工商户统一颁发了贷款证，贷款全部实行了上柜台办理，对小微企业贷款，则专门设立了公司业务部。通过设置贷款专柜，开通服务窗口，做到有需就放、有求必贷，实现贷款像取款一样方便。截至2011年末，全市农村信用社设立信贷专柜243个，核发贷款证9.57万本，授信总额达54.26亿元。同时，对诚信度和信用度高的农户、个体工商户和小微企业实行利率优惠政策，适当降低利率浮动幅度。多年来，烟台农村信用社的贷款平均执行利率一直在7%左右，为全省农信系统最低。此外，他们还探索建立了贷款尽职免责制度，允许新增贷款不良率控制在3%以内，防止为片面追求"零风险"而造成客户经理"惧贷"、"惜贷"；同时，对尽职到位的客户经理因客观因素形成的不良贷款，予以免责，充分激发和保护其贷款营销的积极性。

二、江西省九江县农村信用社建立约束机制降低贷款风险

近两年来，江西省九江县农村信用合作联社为保障信贷资金的安全性，降低贷款的风险程度，严格地按照信贷资金运行规律进行科学化、规范化的管理，从而有效地防范和化解了贷款经营风险。

（一）营造学习型联社，强化贷款风险意识。防范贷款风险的关键是要有一支思想过硬和业务过硬的信贷员队伍。首先是从遵纪、守法、爱行、爱岗、自尊、自爱等思想教育入手，逐步提高广大职工的职业和自律能力。其次是分层次定期进行政策、业务培训，强化员工风险防范意识，提高风险预见能力，使员工既具有过硬的思想又具有过硬的业务技能和政策理论水平，塑造良好的信用氛围。

（二）贷款发放程序化管理，有效防范贷款风险。一是搞好贷前调查，除按照贷款"三查"制度对贷款企业进行调查评估，论证企业的生产能力、原材料来源、产品销路、发展前景、竞争能力和偿债能力外，还要从外部聘请注册会计师协助信贷人员对借款企业财务信息的真实性、合法性进行审核，并做出客观评价，为发放贷款提供决策依据。二是在办理信贷业务过程中，坚持实行审贷分离制度，将调查、审查、审批、经营管理等环节的工作职责分解，由不同经营层次和不同部门（岗位）承担，实现其相互制约和支持。三是在贷款投向上按照国家产业政策和产品结构来调整贷款结构，优化贷款投向，重点支持农业和名特新产品，这样不仅可以规范贷款程序，又能扶持"三农"，同时还可以有效地降低和防范贷款风险。

（三）强化内审和稽核工作，加大执法检查力度。该合作联社将离任审计作为加强干部管理和风险管控的重要手段，按照"操作性好、透明度高、实

效性强"的原则及时做出客观公正的评价和鉴定,确定是否离任。同时把定期普查和专项定期稽核作为一项制度去执行,对发现的问题要逐级追究责任,并运用经济手段、行政手段等措施进行处罚,迫使其及时改正。

(四)建立约束机制,实行轮换岗位。一是坚持任人唯贤,不拘一格,全面推行正、副股级干部竞聘上岗制度。通过公开考试、演讲、答辩等程序,新提拔副股级以上干部39人,使中层干部中出现了新局面。二是进一步推进会计委派制,强化对业务操作流程和工作岗位设置的管理,督促落实岗位责任制。三是为防范信贷风险,建立健全约束机制,从基层抓落实,做好岗位轮换工作,提升综合素质,提高风险管控。强化风险排查,成立案件排查小组,对案件排查实行谁排查谁负责、谁对账谁负责、谁督查谁负责的办法,形成文字材料及时下发整改书并督促整改。

(五)推行员工绩效考核,创新信贷品牌。推行全员绩效考核系数差异化管理的改革,真正实现了"按劳取酬,同工同酬"。在市场开拓上,紧密结合九江的产业特色,力争"唱"好信贷品牌创新这出"重头戏",先后推出了食用油质押贷款、商标权质押贷款、化肥和棉花仓单质押贷款等新型信贷产品。这样既盘活了经济,又降低了信贷风险。到目前为止,该联社各项存、贷款规模和盈利水平均已达到翻番的目标。

3.2 农村商业银行

2001年11月28日,江苏省常熟市、张家港市农村商业银行正式挂牌成立,12月6日,江阴市农村商业银行也随后挂牌开业,这是我国的首批三家农村商业银行。2003年6月,国务院出台了《关于印发深化农村信用社改革试点方案的通知》,正式启动了新一轮农村信用社改革。根据国务院15号文件的精神,有条件地区的农村信用社可改制为实行股份合作制的农村合作银行、实行股份制的农村商业银行等银行类机构或实行以县(市)为单位的统一法人机构。同年8月,浙江、山东、江西、贵州、吉林、重庆、陕西、江苏8个省(市)被列入改革试点。2004年8月,改革在除西藏和海南外的其余21个省(市)全面推开[①]。

随着我国农村金融体制改革的不断深化,农村商业银行成为农村信用社改

---

① 李晓健. 我国农村商业银行发展研究 [J]. 学术论坛, 2009 (8): 96-100.

革的最终发展方向，各省将经营情况良好的农村信用社改制为农村商业银行的步伐也日趋加快。2005年，上海、北京组建全市一级法人体制的省级股份制农村商业银行。截至2005年末，全国共有12家农村商业银行，2006年末增加到13家，2007年末增加到17家。2008年6月29日，重庆成立了重庆农村商业银行，这是继上海、北京之后我国第三家、西部首家省级农村商业银行，并于2010年12月在香港上市，这也是我国首家登陆资本市场的农村小型金融机构[①]。截至2008年末，全国农村商业银行增加到22家。进入2009年，具备条件的农村合作银行也在加快改制为农村商业银行。2009年1月，安徽马鞍山农村合作银行经中国银监会审核，获准筹建安徽马鞍山农村商业银行股份有限公司，马鞍山农村商业银行也就成为了我国第一家由农村合作银行改制组建的农村商业银行。[②]

2010年末，全国农村商业银行增加到了85家，从业人数96 721人[③]。全部农村商业银行资产总额为27 670亿元，较2009年增长48.1%。负债总额为25 643亿元，较2009年增长46.15%。有可比数据的农村商业银行合计总资产为17 267.22亿元，平均增速达26.01%，比2009年提高了1.21个百分点；负债规模14 475.72亿元，平均增速达26.95%，比2009年提高了3.58个百分点。其中，贷款余额为8 497.26亿元，平均增速为21.02%；存款余额为14 432.28亿元，平均增速为24.06%（见表3.3）。[④]

表3.3　　　　　　　　2010年16家农村商业银行发展情况

银行名称	总资产规模（亿元）	增速（%）	总负债规模（亿元）	增速（%）	贷款余额（亿元）	增速（%）	存款余额（亿元）	增速（%）
北京农村商业银行	3 311.46	16.47	3 183.61	15.17	1 316.76	7.84	2 966.72	13.13
上海农村商业银行	2 513.29	18.67	2 281.61	14.79	1 412.13	19.13	2 109.94	17.96
重庆农村商业银行	2 855.46	41.81	2 631.15	37.12	1 221.45	19.96	2 055.63	33.68

---

① 《中国银行业监督管理委员会2010年报》第31页。
② 李晓健. 我国农村商业银行发展研究 [J]. 学术论坛，2009 (8)：96-100.
③ 《中国银行业监督管理委员会2010年报》第144页。
④ 中国建设银行研究部专题组. 中国商业银行发展报告（2011）[M]. 北京：中国金融出版社，2011：181.

表3.3(续)

银行名称	总资产规模（亿元）	增速（%）	总负债规模（亿元）	增速（%）	贷款余额（亿元）	增速（%）	存款余额（亿元）	增速（%）
广州农村商业银行	2 113.95	13.84	1 974.76	22.80	1 065.57	16.40	1 781.20	22.53
东莞农村商业银行	1 272.00	15.32	—	—	633.00	23.15	1 117.00	16.69
顺德农村商业银行	1 197.56	17.96	1 104.10	18.12	610.72	22.83	1 012.33	19.54
武汉农村商业银行	707.45	29.69	661.17	31.11	419.87	36.28	626.45	34.29
江阴农村商业银行	528.20	27.06	492.63	27.20	297.02	18.69	433.63	22.55
张家港农村商业银行	526.90	62.12	489.34	67.29	226.70	25.91	363.09	38.45
常熟农村商业银行	515.94	28.64	475.77	26.69	262.94	22.14	441.11	27.07
无锡农村商业银行	456.42	24.70	—	—	280.94	20.97	420.54	31.24
吴江农村商业银行	400.02	26.75	363.65	22.93	227.30	14.27	350.95	25.21
昆山农村商业银行	307.56	23.14	290.48	22.99	187.39	14.97	274.32	22.57
合肥科技农村商业银行	227.07	15.34	216.20	14.88	122.79	31.69	183.08	10.20
海安农村商业银行	175.98	—	163.50	—	114.24	20.86	154.86	21.93
大仓农村商业银行	157.96	28.69	147.75	29.24	98.44	21.22	141.43	27.85

资料来源：中国建设银行研究部专题组.中国商业银行发展报告（2011）[M].北京：中国金融出版社，2011.

案例介绍：

武汉农村商业银行是经中国银监会批准成立的股份制商业银行，是全国第一家副省级城市农村商业银行，由市委、市政府直接管理，总部设在武汉，是一家具有一级法人资格的地方银行机构，并于 2009 年 9 月 9 日正式挂牌成立。

武汉农村商业银行实施城乡并举的发展战略，为武汉城乡广大客户提供全面的商业银行产品与金融服务。新城区重点服务"三农"（农业、农村、农民）经济发展；中心城区重点服务区域经济、中小企业、社区居民。截止 2011 年末，全行在岗员工 3 078 人，并且按照武汉市行政区划设置了 22 家一级支行，网点遍布武汉三镇，并在广州增城、咸宁咸安、赤壁发起设立了 3 家村镇银行。

武汉农村商业银行成立两年来，全行发展提速、品质提升、市场进位、运营安全，成功实现了"业务上台阶、管理上等级、转型上层次"的工作目标。截止 2011 年末，全行各项存款 778 亿元，存款净增加 151.7 亿元，净增额在全市金融机构中排名第一，各项贷款余额 531 亿元，全年贷款净增加 111 亿元，净增额在全市金融机构排名第二，全行实现利润 15.9 亿元。

武汉农村商业银行是武汉市"三农"经济、中小企业发展的主力银行。在金融同业中，全行"三农"贷款占比 80%，荣获"2009 年农业产业化工作先进单位"称号；全行所有贷款中，中小企业贷款占比达到 80%。武汉农村商业银行积极开展业务经营和金融产品创新，专为中小企业发展量身打造了"富业贷"成长计划等 6 个子系列 40 余种产品。该行推出的"土地经营权抵押贷款"，被誉为是"真正把农民手中的实物形态变成货币形态"的"破冰之举"；新推出的"农易富业贷"信贷产品，具有服务对象广、用途多、效率高、手续简等特点，深受广大"三农"客户的欢迎和喜爱。2011 年，"融城富业贷"产品荣获由中国银行业协会颁发的"2011 年服务小企业及三农特优金融产品奖"和"2011 年全国金融机构服务'三农'最佳金融产品奖"。"农易富业贷"和"富业贷之科技融"产品分别荣获中国银监会等颁发的"最佳农户金融产品创新奖"和"最佳小企业金融产品创新奖"。

作为总部在武汉的法人金融机构，武汉农村商业银行积极服务武汉城市圈、服务"两型"社会建设。2011 年，武汉农村商业银行对全市、区政府重点项目投入近 76 亿元，对全市"城中村"改造发放贷款 34 亿元。武汉农村商业银行已在东湖国家自主创新示范区和黄陂农村金融服务试验区抢滩设点，"零距离"提供配套金融服务方案，已对示范区建设投放信贷资金近 40 亿元，科技型企业投放信贷资金 18 亿元。武汉农村商业银行是我市"全民创业"小额担保贷款的主办行，直接帮助了全市 7 000 余市民自谋职业和自主创业。武汉农村商业银行已承担全市低保、粮食直补、优抚金等涉及民生代发业务共 19 项。

3.3 邮政储蓄银行

我国邮政储蓄始办于1919年。新中国成立后,中国人民银行于1951年委托邮政部门代理储蓄业务,1953年停办。1986年1月,在国务院主持下,邮电部与中国人民银行分别以投资所有者和业务监管者的身份,联合发布了《关于开办邮政储蓄的协议》,决定在北京、天津等12个城市试办邮政储蓄业务。1986年底通过的《中华人民共和国邮政法》将邮政储蓄业务法定为邮政企业的业务之一,从而使邮政储蓄遍布全国,成为在农村中开展储蓄业务的一支重要力量。在2000年初,面对加入世界贸易组织的背景,国务院决定建立中国邮政储蓄银行,2005年12月,银监会批准在福建、湖北、陕西等三省首批开办邮政储蓄定期存单小额质押贷款业务试点,2006年3月试点逐渐展开,邮政储蓄告别"只存不贷"。2006年12月31日,中国银监会正式批准中国邮政储蓄银行开业,这标志着我国邮政体制和邮政金融的联动改革实现了一个重大的战略突破。

2007年3月20日,中国邮政储蓄银行正式成立。成立后的中国邮政储蓄银行的战略目标是:按照金融体制改革的方向和现代企业制度的要求,建立起符合市场经济规则和金融企业内部风险控制要求的管理体制和运行机制,实现邮政金融业务的规范化经营和可持续发展,逐步建成一个资本充足、内控严密、营运安全、竞争力强的现代商业银行,与国内其他商业银行形成良好的互补关系,有力地支持社会主义新农村建设。可以说,成立邮政储蓄银行在农村金融体系中将占有重要地位,对"三农"的支持作用也不容忽视,表3.4显示了中国邮政储蓄业务的发展情况。从表中我们可以看出,邮政储蓄的网点数在不断增加,由1988年的13 651个增加到了2007年的36 187个,但是农村网点数却呈现出先增后减的态势,农村存款额不断上升,多占比重也是逐渐增加。

2007年6月22日,中国邮政储蓄银行"好借好还"小额贷款业务在河南新乡长垣县启动试点,2007年末共有七省试点开办。2008年初该业务开始向全国推广,截至2008年6月24日西藏分行开办业务,全国31个省(区、市)分行和5个计划单列市分行已全部开办小额贷款业务。截至2010年10月16日,小额贷款业务已覆盖全国所有地市和2 100个县市及主要的乡镇,4 500多个网点已开办这项业务。2010年,小额贷款发放量突破1 000亿元,从业务开办至 2010 年 10 月，全国累计发放贷款近 400 万户、金额 2 300 多亿元，平均每笔贷款约 5.9 万元。邮储银行在县及县以下农村地区累计发放 1 500 多亿元，占全部小额贷款累计发放金额的 70%。邮储银行发放的近 2 300 亿小额贷款，解决了全国 400 多万户农户及小商户的生产经营资金需求问题，1 600 多万人从中受益。

目前，邮政储蓄银行有 2.96 万个位于县及县以下农村地区的邮政储蓄网点，除提供储蓄和汇兑业务之外，还为农村地区提供代理保险，代收农村电费、电话费和电视有线费等服务；代发粮食补助金、退耕还林款和计划生育奖励金等各种业务也在办理范围之内。截至 2010 年末，全国邮政储蓄银行个人储蓄余额达到 28 470.8 亿元。其中，县及县以下网点个人储蓄余额约为 18 293.56 亿元，占比 64.25%；有 38 570 万个网点实现了全国联网；2010 年实现代收代发金额 11 568.53 亿元。此外，截至 2011 年 10 月末，邮储银行针对小微企业累计发放贷款达到 7 493 亿元，有效缓解了全国 517 万户商户、小微企业生产经营资金短缺的难题。其中，该行县级以下区域贷款份额占比高达 63%，成为服务县域小微企业的重要力量①。由此可见，中国邮政储蓄银行的成立无疑会在一定程度上促进"三农"服务水平和覆盖面明显提高，在改善城市社区和农村金融环境、提高农村金融服务水平方面发挥了积极作用（见表 3.4）。

表 3.4　　　　　　　　　中国邮政储蓄业务情况

年份	网点数（个）			存款（亿元）		
	网点	农村网点	农村网点占比	存款额	农村存款	农村存款占比
1988	13 651	9 484	69.5%	70	—	—
1989	15 609	9 879	63.3%	101	24	23.8%
1990	17 305	12 002	69.4%	180	46	25.6%
1991	18 738	13 083	69.8%	315	88	27.9%
1992	20 017	13 955	69.7%	477	125	26.2%
1993	21 945	15 353	70.0%	616	215	34.9%
1994	26 750	18 559	69.4%	994	339	34.1%
1995	30 130	20 513	68.1%	1 616	547	33.8%
1996	30 712	21 260	69.2%	2 147	740	34.5%
1997	31 473	21 061	66.9%	2 646	883	33.4%

① http://baike.baidu.com。

表3.4(续)

年份	网点数（个）			存款（亿元）		
	网点	农村网点	农村网点占比	存款额	农村存款	农村存款占比
1998	31 563	20 789	65.9%	3 202	1 079	33.7%
1999	31 477	20 333	64.6%	3 815	1 263	33.1%
2000	31 763	20 548	64.7%	4 579	1 633	35.7%
2001	31 704	20 242	63.9%	5 908	2 025	34.3%
2002	31 704	20 242	63.9%	7 363	2 512	34.1%
2003	31 704	20 242	63.9%	8 986	3 066	34.1%
2004	33 720	20 242	60.0%	10 787	3 768	34.9%
2005	35 043	20 674	59.0%	13 599	4 862	35.8%
2006	36 663	19 926	54.3%	16 016	5 758	36.0%
2007	36 187	19 450	53.7%	17 217	6 852	39.8%

资料来源：1993、1995、1997、1999、2003、2006、2007 和 2008《中国金融年鉴》。

案例介绍：

目前，邮政储蓄小额贷款业务[①]有农户联保贷款、农户保证贷款、商户联保贷款、商户保证贷款四个贷款产品，服务的对象主要为县域内的广大农户、个体工商户和私营企业等经济主体。贷款的特点是期限和担保方式多样、还款方式灵活，现有的四个贷款产品大多为保证贷款，不需要抵押或质押。贷款客户可选择一两个有固定职业或稳定收入的贷款担保人来申请贷款，也可以选择农户3~5户、商户3户组建联保小组申请贷款。截至2009年年末，邮政储蓄银行在全国所有的312个二级分行、2 041个一级支行的3 720个二级支行实际开办了小额贷款业务，其中2 495个在县和县以下的农村地区。截至2009年12月31日，全国累计发放小额贷款217.11万笔、1 314.13亿元，贷款结余134.58万笔、637.09亿元，结余金额比2008年年末净增91.45万笔、370.61亿元。全国共有逾期贷款22 708笔，金额8.47亿元，贷款逾期率为1.33%。

[①] 吴晓灵, 焦瑾璞. 中国小额信贷蓝皮书2009—2010 [M]. 北京：经济科学出版社，2011：34-35.

3.4 农村新型金融机构

为解决农村地区银行业金融机构网点覆盖率低、金融供给不足、竞争不充分等问题，2006年12月20日，银监会发布了《关于调整放宽农村地区银行业金融机构准入政策，更好支持社会主义新农村建设的若干意见》，采取"宽准入，严监管"的政策，允许各类资本在农村地区设立村镇银行、专营贷款业务的子公司和资金互助社三大类新的农村银行业机构，并于2007年1月颁布了村镇银行、贷款公司和农村资金互助社的管理暂行规定和组建审批工作指导意见。截至2009年末，监管部门共核准172家新型农村金融机构开业，存款269亿元，贷款余额181亿元，其中农户贷款5.1万户、资金65.5亿元，小企业贷款0.5万户、资金91.2亿元，分别占贷款余额的36.2%和50.4%（见图3.1)①。

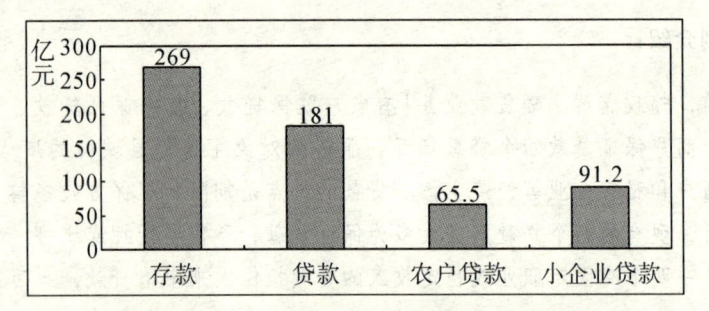

图3.1　2009年新型农村金融机构存贷款情况

另外，根据中国人民银行发布的《2011中国区域金融运行报告》的数据，东、中、西和东北四个地区2011年末新型农村金融机构区域分布城乡差异化趋势可见表3.5。其中西部地区的比例最高，村镇银行、小额贷款公司和农村资金互助组分别占31.1%、31.7%和36.4%；东北地区的比例最小，村镇银行、小额贷款公司和农村资金互助组分别只占14.7%、16.2%和18.2%。

---

① 王松奇. 中国商业银行竞争力报告（2010）[M]. 北京：社会科学文献出版社，2011：194.

表 3.5　　　　　　2011 年末新型农村金融机构区域分布比例

	东部	中部	西部	东北	全国
村镇银行	30.4%	23.8%	31.1%	14.7%	100%
小额贷款公司	26.7%	25.3%	31.7%	16.2%	100%
农村资金互助组	29.5%	15.9%	36.4%	18.2%	100%

资料来源：《2011 中国区域金融运行报告》第 7 页。

(1) 村镇银行发展状况。2007 年 3 月 1 日，我国第一家村镇银行——四川仪陇惠民村镇银行正式开业，注册资本 200 万元。惠民村镇银行从行长到员工只有 10 余人，主要业务包括储蓄业务和贷款业务。经过几年的实践发展，村镇银行已经遍布全国各地，在农村经济发展中发挥着日益重要的作用。中国银监会资料显示，截至 2011 年 5 月末，我国共组建村镇银行 536 家，其中开业的有 440 家，筹建 96 家，已开业村镇银行资产总额 1 492.6 亿元，其中贷款余额 870.5 亿元；负债总额 1 217.9 亿元，其中存款余额 1 006.7 亿元；所有者权益 274.7 亿元，其中实收资本 260.2 亿元，已开业村镇银行农户贷款与小企业贷款合计占各项贷款的 81%。[1] 到了 9 月末，全国又增加了一家村镇银行，总计达到 537 家，自 2007 年成立以来，村镇银行累计发放农户贷款 36.4 万笔，金额 807.6 亿元[2]。

案例介绍：

榆次融信村镇银行[3]位于山西省晋中市，于 2010 年 6 月挂牌营业。从成立之初，就倾力打造"农民朋友的贴心银行、社区居民的亲情银行、中小企业的伙伴银行、金融机构的合作银行"。要把目标变为现实，必须找到成功的关键。这个成功的关键在榆次融信村镇银行看来，就是在农村金融市场不断升温的竞争中，坚持和依托产品创新，选择同大银行错位经营，打造富有自身特色的支农产品和服务品牌。他们打造的特色产品叫做"房贷通"。"房贷通"就是以农户宅基地上的住房或进城务工农民购买的商品房做抵押，经村委会出具证明和房产管理部门评估，让农户在银行获得所需生产经营资金的贷款产品。从 2010 年 10 月份"房贷通"产品推出到 2011 年 10 月底这一年时间，榆次融信村镇银行共发展"房贷通"客户 429 户，余额达到 1.79 亿元。"房贷通"

---

[1] http://finance.jrj.com.cn, 2011 年 7 月 27 日。
[2] http://news.xinhuanet.com, 2012 年 1 月 6 日。
[3] 中国农村金融杂志社. 村镇银行发展动态（内部资料）. 2012（2）.

贷款中纯农和涉农贷款户两项合计达429户，贷款余额1.4亿元，占全部"房贷通"贷款的77.13%。

截至2011年10月底，榆次融信村镇银行房产抵押贷款占全部贷款的比重达37.8%。"房贷通"产品自2010年四季度开发运行至今累计放贷3.1亿元，余额达到1.79亿元，持续保持了无欠息、无逾期、无不良的"三无"效果。2011年4月，中国银监会副主席王兆星视察时对其"通过活化农民资产解决农户贷款难"的好做法予以了充分肯定。经过一年多的探索，榆次融信村镇银行已拥有一个总部、两个乡镇支行，员工76名，各项存款7.61亿元，各项贷款4.7亿元，贷款累计达14.4亿元，由此成为经营稳健、效益良好、监督指标合规并有着明显地方特色和服务品牌充满活力的新型农村金融机构。

(2) 小额贷款公司发展状况。中国人民银行网站公布了小额贷款公司发展的基本情况，截至2012年6月末，全国共有小额贷款公司5 267家，从业人员58 441人，实收资本4 257.03亿元，贷款余额4 892.59亿元。从表3.6中我们可以看出，小额贷款公司最多的是内蒙古自治区，共有436家，从业人数4 222人；实收资本和贷款额最多的是江苏省，分别是716.08亿元和969.13亿元。小额贷款公司最少的是西藏自治区，只有1家，从业人数共有9人，实收资本和贷款额仅0.50亿元和0.65亿元。此外，从各地区层面来看，东部地区小额贷款公司1 544家，占总数的29.3%，贷款余额2 586.55亿元，占总数的52.9%，平均每家贷款1.68亿元；中部地区小额贷款公司1 192家，占总数的22.6%，贷款余额799.43亿元，占总数的16.3%，平均每家贷款0.67亿元；西部地区小额贷款公司1 769家，占总数的33.6%，贷款余额1 258.19亿元，占总数的25.7%，平均每家贷款0.71亿元；东北地区小额贷款公司762家，占总数的14.5%，贷款余额248.44亿元，占总数的5.1%，平均每家贷款0.33亿元。

表3.6　　　截至2012年6月末的小额贷款公司发展情况

地区名称	机构数量（家）	从业人员数（人）	实收资本（亿元）	贷款余额（亿元）
全国	5 267	58 441	4 257.03	4 892.61
北京	39	440	43.95	46.06
天津	33	360	35.07	37.94
河北	290	3 268	167.48	170.34
山西	232	2 308	139.89	138.35

表3.6(续)

地区名称	机构数量（家）	从业人员数（人）	实收资本（亿元）	贷款余额（亿元）
内蒙古	436	4 222	337.00	348.35
辽宁	349	2 617	180.88	157.58
吉林	219	1 830	54.37	41.03
黑龙江	194	1 729	54.05	49.83
上海	75	648	91.65	124.94
江苏	430	4 001	716.08	969.13
浙江	209	2 405	424.63	626.85
安徽	424	4 944	267.42	287.68
福建	48	562	100.67	122.79
江西	155	1 743	138.89	156.09
山东	218	2 325	227.12	267.19
河南	193	2 614	71.81	73.55
湖北	121	1 123	81.10	97.34
湖南	67	746	41.09	46.42
广东	188	5 320	194.55	206.91
广西	138	1 826	64.70	67.71
海南	14	161	16.30	14.40
重庆	146	2 749	212.22	228.01
四川	142	2 145	186.85	215.90
贵州	164	1 685	48.97	45.77
云南	251	2 211	102.50	103.62
西藏	1	9	0.50	0.65
陕西	166	1 338	114.64	101.57
甘肃	129	1 130	35.54	27.58
青海	19	217	13.99	22.79
宁夏	90	1 088	45.08	39.76
新疆	87	677	48.03	56.48

资料来源：中国人民银行网站。

案例介绍：

南昌市捷信小额贷款有限责任公司成立于 2009 年 7 月 19 日，是江西省第一批小额贷款公司试点企业，公司注册资金 1.5 亿元，也是江西省目前资金规模最大的小额贷款公司。公司拥有一支具备丰富银行从业经验的管理团队，其组织架构科学、管理规范，贷款品种多样、方式灵活，操作流程高效务实，采取分期还本付息或一次性还本、分期付息等多种方便的还本付息方式，实行日对日以实计息，适应中小企业融资"短、小、频、急"的特点。7 月 20 日公司正式对外营业，第一单就放出 200 万元贷款，到 2009 年底，公司贷款总额就高达 1.9 亿元。按规定，从银行业金融机构最多能获得的融入资金是资本金额的 50%，也就是 0.75 亿元，这意味着捷信最多能放出 2.25 亿元的贷款。为了更好地改善中小企业和"三农"金融服务、促进区域经济发展，2010 年 6 月江西省拟出台《促进江西省小额贷款公司健康发展的若干补充意见》，其中不仅将小额贷款公司的注册资本上限放宽，即由原来的 2 亿元提高到 5 亿元，而且还缩短了增资扩股的时间间隔，也就是原来要运作两年之后才能增资扩股，现在是运作 1 年之后就可增资扩股。这样一来，该公司就可放出 7 亿多元的贷款，融资瓶颈基本可以解决。

(3) 农村资金互助社发展状况。2007 年 3 月 9 日，全国首家由农民自愿入股组建的主要为当地农民、农业和农村经济发展提供金融服务的农村合作金融机构——吉林省梨树县榆树台镇闫家村百信农村资金互助社正式挂牌营业，由 32 位农民作为发起人，注册资金 10.18 万元，吸收第一笔存款 1 000 元。截至 2008 年 3 月，百信资金互助社共发放贷款 133 笔，累计投放 53.64 万元，全部为社员贷款，其中已回收 64 笔，计 25.53 万元，贷款余额 28.11 万元[①]。到 2010 年末，全国共成立农村资金互助社 37 家[②]，到 2011 年末上升到 50 家。

案例介绍：

2007 年 3 月 9 日，全国首个农村资金互助社：即百信农村资金互助社[③]，在四平市辖内的梨树县闫家村成立。互助社由 32 户社员发起，募集股金 101 800 元。由于开业成本支出占股金额度的 70%，存款也仅有 1 000 元，可投放

---

① 罗荷花，李明贤. 农村资金互助社试点中的问题及对策 [J]. 湖南农业大学学报：社会科学版，2008（6）：40-42.
② 《中国银行业监督管理委员会 2010 年报》第 23 页。
③ http://bank.jrj.com.cn，2007 年 7 月 26 日。

资金明显不足，而预约贷款的农户49户，金额达20万元。在没有其他资金融入的条件下，资金互助社的发展一度呈缓慢状态。

2007年4月4日，新华城市信用社与百信农村资金互助社签订融资合同，同业拆入资金10万元，期限6个月，利率4.875%，方式为信用借款。5月18日，互助社又向新华信用社融入10万元，进一步增加了"养鱼之水"。

互助社融入资金后，陆续贷给入社农民，期限从3个月到一年不等，单笔金额最高为5 000元，用途90%以上为生产性贷款，利率分别为7.5%、8.7%、9.6%，10万元资金至少要分贷给20个以上社员，风险较分散，安全系数较大。

这样，百信农村资金互助社从3月9日成立到5月19日，经过80天运营，社员户数由发起时的32户增至79户，增长1.5倍；股金从101 800元，增加到122 100元，增长12%。特别是从城市银行机构融入资金扩大贷款来源，这在很大程度上满足了社员的借款需求。

但是，融入资金的风险防范措施有限。百信农村资金互助社成立时间短，可供抵押的资产少，抵御信贷风险的措施有限，虽然融入了20万元资金，贷给至少40户以上农民，风险较分散，但当经营管理出现问题，或是遇到大的自然灾害时，融入的资金将形成风险，可能出现损失。对于这些"前进中的问题"，人民银行四平市中心支行建议有关部门出台农村资金互助社融入资金管理办法，规范资金融入的管理，对融入资金的方式、额度、期限等进行详细具体的规定。对融入资金和互助社自有资金之间的比例进行合理界定，既有利于互助社有充足的贷款发放，又能控制信贷风险。同时其还希望有关部门出台支持农村担保机构发展的政策，支持由社会资本组成的农村社区小额贷款担保公司发展，鼓励建立由农户组成的社区村级信用担保合作社，为农村资金互助社融入资金提供担保，保障融入资金的安全。

正如银监会前副主席唐双宁指出的，新型农村金融机构的诞生，对激活农村金融市场、完善农村金融体系和改进农村金融服务产生了积极影响。一是中国金融史上增加了三种新型农村金融机构，进一步丰富完善了金融组织体系。二是为"三农"提供了新支持。在将城市资金"甘甜之水"引入农村的同时，也将城市金融成熟的产品、先进的理念和技术引入农村，为促进农业和农村经济快速发展，实现城乡经济协调运行提供了有效金融支撑，初步实现了"筑渠引水"的目标。三是探索了金融支农新思路。调整放宽农村地区银行业金融机构准入政策，既是银监会在金融机构市场准入方面进行的新探索，也为金融机构如何更好地支持"三农"发展摸索了新思路。四是激活了农村金融机制。新型农村金融机构的设立，激发了农村金融体制的创新活力，"汤水效应"已开始显现，有竞争、有合作的农村金融市场已经在试点地区开始形成①。

---

① www.gov.cn，2007年6月16日。

4. 我国农村微型金融机构风险的生成机理

4.1 我国农村金融发展的缺陷

近年来农村金融改革的实践充分表明,金融支持已经成为继政府财税支持之后,推动"三农"工作可持续发展的"第二动力"。但是,长期以来的农村金融制度因安排不完善而抑制了农村金融的深化和发展,从而加大了农村金融市场风险的形成。下面,我们将分别从农村金融发展的规模、结构及效率三个方面对1978年以来农村金融发展的缺陷状况进行剖析,以使我们更好地把握农村金融市场的风险。

4.1.1 农村金融发展规模的缺陷

由于我国农村金融的发展存在区域性特征,准确地估算我国农村金融支持的规模可能十分困难。宋宏谋(2002)[①] 运用了正规金融机构的存贷款之和来表示我国农村金融支持的规模。他认为农村金融机构主要包括农村信用社、中国农业银行、中国农业发展银行、邮政储蓄四个部分。但是,由于当前我国正在培育一些新型农村金融机构,而有些机构的统计资料数据并未公开,如果继续沿用他的研究方法,势必会使研究结果偏小。此外,目前衡量金融发展规模的指标主要有戈氏和麦氏两种方法。麦氏方法强调广义货币量(M2)与名义国内生产总值之比,而戈氏方法则采用金融资产总量与名义国内生产总值之

[①] 宋宏谋. 中国农村金融发展问题研究 [D]. 北京:中国社会科学院博士学位论文,2002:56–66.

比。同时，国内学者王毅（2002）① 的研究结果表明货币化比重指标（M2/国内生产总值）不能准确地衡量中国的金融深化程度，因此为了更为精确地计算出当前金融发展的规模水平，本书将借鉴戈氏统计方法进行描述，即分别计算出1978—2007年全国、城镇和农村的金融发展规模。它们的计算方法分别为：农村金融相关率＝（农村存款＋农村贷款）②／（农业总产值＋乡镇企业增加值）；全国金融相关率＝（金融机构存款＋金融机构贷款）／全国国内生产总值；城镇金融相关率＝（城镇金融机构存款＋城镇金融机构贷款）／城镇总产值。通过对1978—2011年相关数据的计算整理，我们得到了表4.1的计算结果。

（1）全国金融相关率。从计算的结果来看，全国金融相关率基本保持逐步递增的态势。1978年的全国金融相关率为82%，1981年以后全国金融相关率就已经超出了100%，1992年上升至185%，尽管1993年以后有所下降，但是只维持了3年，2010年继续上升并达到最大值298%，自2004年后一直都保持在260%以上。

（2）城镇金融相关率。相对而言，历年来的城镇金融相关率都是很高的。1978年，城镇金融相关率为120%，1990年为250%，2010年达到最大值415%，是1978年的3倍多，自2005年后基本维持在360%以上。

（3）农村金融相关率。总体上看，我国农村金融支持的规模不断壮大，农村金融相关率也逐渐在提高。由表4.1的计算结果，我们可以看出，改革开放以来的30年中，因受国家宏观经济政策的影响，农村金融相关比率存在一定幅度的波动，1978—1992年一直保持不断上升的趋势，而后的3年略有下降，到了1995年以后基本上维持逐年增加的态势。然而，与历年城镇及全国金融相关比率相比，还是存在很大程度的差距，并且我们可以发现这种差距有种逐渐扩大的趋势。

表4.1　　　1978—2011年全国、城镇与农村金融相关率

年份	全国金融相关率（%）	城镇金融相关率（%）	农村金融相关率（%）	年份	全国金融相关率（%）	城镇金融相关率（%）	农村金融相关率（%）
1978	82	120	16	1995	172	266	50

---

① 王毅. 用金融存量指标对中国金融深化进程的衡量［J］. 金融研究，2002（1）：82-92.
② 农村存款等于农业存款与农民储蓄存款之和，农村贷款等于农业贷款与乡镇企业贷款之和。

表4.1(续)

年份	全国金融相关率(%)	城镇金融相关率(%)	农村金融相关率(%)	年份	全国金融相关率(%)	城镇金融相关率(%)	农村金融相关率(%)
1979	83	121	18	1996	182	284	52
1980	90	133	20	1997	199	311	55
1981	100	148	22	1998	216	334	61
1982	104	158	24	1999	226	352	62
1983	107	159	27	2000	225	339	63
1984	116	172	33	2001	233	345	66
1985	113	158	34	2002	251	370	67
1986	126	172	42	2003	270	389	76
1987	129	182	43	2004	262	376	74
1988	120	165	41	2005	262	365	77
1989	148	210	44	2006	266	383*	71*
1990	170	250	49	2007	261	376*	67*
1991	181	245	73	2008	245	354*	64*
1992	185	250	76	2009	293	407*	72*
1993	177	256	65	2010	298	415*	78*
1994	167	249	52	2011	288	396*	76*

资料来源:《新中国统计资料汇编》、《中国统计年鉴》(1982—2011)、《中国金融年鉴》(2000—2010)、《中国农村统计年鉴 2007—2010》、《中国乡镇企业统计资料(1978—2002)》及中国人民银行等网站,带*号的表示推算值。

注:城镇总产值=全国国内生产总值-(农业总产值+乡镇企业增加值)。

4.1.2 农村金融发展结构的缺陷

伴随着戈德史密斯提出"比例论"框架的金融结构论之后,国内学者也纷纷采用不同的方法将这一理论应用于我国农村金融结构的研究之中。从现有的文献来看,农村金融结构问题的研究主要集中于两个方面:一是着眼于农村金融部门的组织结构和金融市场的微观结构,如谢玉梅(2007)[①]、黎翠梅和

---

① 谢玉梅. 农村金融深化:政策与路径 [M]. 上海:上海人民出版社,2007:90-91.

武蕾薇（2010）[①]等；二是探讨农村经济发展与金融结构的关系，如姚耀军（2004）[②]、贾立和王红明（2010）[③]等。实际上，金融机构资金的流转主要由资产和负债两方面组成，而资产和负债又主要体现在存款和贷款上，因此，本文将从另外一个视角对我国的农村金融结构问题进行分析。这里，笔者采用了存款与贷款的比例这一指标对各自的金融结构水平进行了描述，即农村金融结构 =（农村存款/农村贷款）×100%；城镇金融结构 =（城镇存款/城镇贷款）×100%。

图4.1为我国1978—2011年农村与城镇金融结构的计算结果。从中我们可以发现改革开放以来的30多年间，农村金融结构的数据均大大高于城镇的金融结构数据，其中差距最大的是1979年（397.6%）。从理论上讲，一个金融机构存贷款的差距过大说明了该金融机构的资金没有得到合理的配置与运行。由此，我们可以得出一个基本判断，就是农村金融结构不够稳定，也就是说农村存贷款差距过大，资金供求缺口过宽。从均衡的角度来看，相对于城镇和全国而言，农村金融结构失衡的状况更为严重，造成了农村金融机构资金更多的闲置，这可能也是当前新农村建设资金短缺的一个主要原因。因此，建立合理的农村金融结构，是形成高效、安全的现代农村金融体系的必由之路。

4.1.3 农村金融发展效率的缺陷

改革开放以来，我国在金融运行机制、金融深化等方面取得了重大的改进，金融对经济增长的贡献率也有了较大的提高，理论界渐渐对"金融是一种社会性资源"的认识已达成一定的共识。作为一种资源，金融效率的高低可以由金融资源配置效率的高低来反映。实际上，金融效率是一个综合性很强的宏观指标，在实践中很难使用统一指标准确地进行定量分析。因此，在实证研究中很多学者试图从不同角度将这个不易度量的指标分解为一系列可度量的"效率"指标的综合（如武志，2010[④]；王婷，2010[⑤]）。

[①] 黎翠梅，武蕾薇. 我国农村金融发展的区域比较分析 [J]. 财经论丛，2010 (6)：42-49.

[②] 姚耀军. 中国农村金融发展与经济增长关系的实证分析 [J]. 经济科学，2004 (5)：24-31.

[③] 贾立，王红明. 西部地区农村金融发展与农民收入增长关系的实证分析 [J]. 农业技术经济，2010 (10)：40-49.

[④] 武志. 金融发展与经济增长：来自中国的经验分析 [J]. 金融研究，2010 (5)：58-68.

[⑤] 王婷. 区域发展的非均衡性与金融资源配置差异研究——基于2000—2008年中国省际面板数据 [J]. 经济问题，2010 (10)：22-28.

图 4.1 1978—2011 年农村与城镇金融结构

与此同时,在农村金融效率的研究中,王志强、孙刚(2003)[①]运用储蓄与贷款之比表示,刘旦(2007)[②]用农村存款余额与金融机构对农业和乡镇企业的贷款余额之比来衡量,吴言林、陈崇(2010)[③]采用农村金融资产总额占国内生产总值的比值表示。受上述学者的启发,本书选取了乡镇企业贷款占农村贷款的比重作为农村金融效率指标,将工业贷款额与商业贷款额之和在全国短期总贷款中的比重作为全国金融效率的指标[④]。计算结果显示,1978—1995年间,农村金融效率先是保持不断上升,后又略微下降,而全国金融效率指标却在不断下降。尽管如此,两者的差距还是一直存在(仅1990和1994年除外),其中,1978年差距最大(52.6%),全国金融效率指标是农村的近3倍;1996—2010年间,两者的金融效率都在逐步提升,相比较前一阶段时间而言,这12年中两者的差距有所下降(最大的是1996年30.4%),这可能也是农村资金发展不足引起了国家政策部门高度重视的原因。因此,笔者认为,随着农村经济的不断发展和支农资金的加大投入,农村金融的效率也在不断提高,但是相对于全国整体金融效率而言,还有待于进一步改善(见表4.2)。

---

① 王志强,孙刚. 中国金融发展规模、结构、效率与经济增长关系的经验分析 [J]. 管理世界, 2003 (7): 13-20.
② 刘旦. 我国农村金融发展效率与农民收入增长 [J]. 山西财经大学学报, 2007 (1): 44-49.
③ 吴言林,陈崇. 农村金融发展与经济增长关系实证研究——来自于江苏省的实际样本数据分析 [J]. 学海, 2010 (4): 96-102.
④ 需要说明的是,由于1996年前的统计资料没有区分短期贷款和长期贷款,显示的只是总贷款额,因此本书中的1978—1995年使用总贷款额予以替代。

表 4.2　　我国 1978—2010 年农村及全国金融效率指标数据　　单位：亿元

年份	乡镇企业贷款额	农村贷款总额	农村金融效率指标（%）	工商业贷款总额	全国（短期）贷款额	全国金融效率指标（%）
1978	12.1	45.1	26.8	1 469.2	1 850.0	79.4
1979	14.15	47.54	29.8	1 595.4	2 039.6	78.2
1980	31.11	81.64	38.1	1 864.5	2 414.3	77.2
1981	35.46	96.38	36.8	2 119.4	2 860.2	74.1
1982	42.30	121.15	34.9	2 300.8	3 180.6	72.3
1983	60.11	163.74	36.7	2 549.1	3 589.9	71.0
1984	135.0	354.5	38.1	3 061.4	4 766.1	64.2
1985	164.4	400.0	41.1	3 634.0	5 905.6	61.5
1986	265.9	568.5	46.8	4 506.8	7 590.8	59.4
1987	359.3	771.4	46.6	5 213.1	9 032.5	57.7
1988	456.1	908.6	50.2	6 185.7	10 551.3	58.6
1989	571.9	1 094.9	52.2	7 499.7	14 360.1	52.2
1990	760.7	1 413.0	53.8	8 327.9	17 680.7	47.1
1991	1 136.3	2 976	38.2	10 927.0	21 337.8	51.2
1992	1 517.9	3 871.3	39.2	12 633.8	26 322.9	48.0
1993	1 962.8	4 835	40.6	15 322.3	32 943.1	46.5
1994	2 071.2	4 641.9	44.6	17 584.0	39 976.0	44.0
1995	2 146.0	5 795.5	37.0	21 530.9	50 544.1	42.6
1996	2 638.8	7 119.1	37.1	27 250.5	40 357.9	67.5
1997	5 035.8	8 350.4	60.3	34 883.2	55 418.3	62.9
1998	5 580.0	10 024.2	55.7	37 573.9	60 613.2	62.0
1999	6 161.3	10 953.7	56.2	37 839.7	63 887.6	59.2
2000	6 060.8	10 949.8	55.4	34 887.8	65 748.1	53.1
2001	6 413.0	12 124.5	52.9	37 200.1	67 327.2	55.3
2002	6 812.26	13 696.84	49.7	38 163.6	74 247.9	51.4
2003	7 661.55	16 072.9	47.7	40 750.4	83 661.2	48.7

表4.2(续)

年份	乡镇企业贷款额	农村贷款总额	农村金融效率指标(%)	工商业贷款总额	全国(短期)贷款额	全国金融效率指标(%)
2004	8 069.2	17 912.31	45.0	40 970.7	86 840.6	47.2
2005	7 901.8	19 431.73	40.7	38 963.8	87 449.2	44.6
2006	6 222.0	19 430.2	32.0	45 325.5	98 534.4	46.0
2007	7 112.6	22 540.8	31.6	51 467.2	114 477.9	45.0
2008	7 454	25 083	29.7	53 889	125 216	43.0
2009	9 029	30 652	29.5	58 252	146 611	39.7
2010	10 547*	36 802*	28.7	62 936*	166 233	37.9

资料来源：《新中国六十年统计资料汇编》、《中国金融年鉴》(1988、1993、2000、2006)和《中国统计年鉴》(1984—2011)，其中的比例是根据相关数据计算得来，带*号的表示推算值。

4.2 农村微型金融机构的主要风险

4.2.1 经济风险

本书所说经济风险主要是指因经济前景（包括国内外宏观经济与政策）的不确定性，致使农村微型金融机构在从事正常的信贷活动时，蒙受经济损失的可能性。在经济全球化和市场经济日益发达的背景下，任何一个国家或者经济体都不能独立存在，农村微型金融机构也毫不例外地受到国内外经济环境和政策导向等方面的影响。我国政府的宏观经济金融政策的不连续性，有可能导致这些新型金融机构不能连续、持续和健康地经营，从而有可能因此形成不良贷款，进而导致风险产生。

4.2.2 市场风险

农村微型金融机构面临的市场风险主要是指因利率、汇率、气候、农业收成、城乡非均衡发展等的变动而导致未预料到的潜在损失的风险。因此，市场风险包括利率风险、汇率风险、自然灾害风险以及商品风险等。众所周知，农业生产周期长，受自然因素影响大，加之农产品的价格波动大，而农户还款是以农产品收益为基础的，使得涉农贷款风险较大。

4.2.3 信用风险

信用风险又称违约风险，是指交易对手未能履行约定契约中的义务而造成经济损失的风险，即受信人不能履行还本付息的责任而使授信人的预期收益与实际收益发生偏离的可能性。它是威胁农村微型金融机构乃至整个农村金融系统稳健性的最大因素。在现实中，因呆账、坏账过多而引起银行倒闭的案例比比皆是。在1997年的亚洲金融危机中，印度尼西亚、马来西亚等国家的多家银行倒闭就是因为发生了信用危机。

4.2.4 操作风险

巴塞尔银行监管委员会对操作风险的正式定义：由于内部程序、人员和系统的不完备或失效，或由于外部事件而造成损失的风险。按照发生的频率和损失大小，巴塞尔委员会将操作风险分为七类：①内部欺诈。它指有机构内部人员参与的诈骗、盗用资产、违犯法律以及公司的规章制度的行为。②外部欺诈。它指第三方的诈骗、盗用资产、违犯法律的行为。③雇用合同以及工作状况带来的风险事件。它指由于不履行合同，或者不符合劳动健康、安全法规所引起的赔偿要求。④客户、产品以及商业行为引起的风险事件。它指有意或无意造成的无法满足某一顾客的特定需求，或者是由于产品的性质、设计问题造成的失误。⑤有形资产的损失。它指由于灾难性事件或其他事件引起的有形资产的损坏或损失。⑥经营中断和系统出错。例如，软件或者硬件错误、通信问题以及设备老化。⑦涉及执行、交割以及交易过程管理的风险事件。例如，交易失败、与合作伙伴的合作失败、交易数据输入错误、不完备的法律文件、未经批准访问客户账户以及卖方纠纷等。[①]

我国农村微型金融机构广大员工的整体素质不高，有相当一部分员工的文化水平还停留在初、高中阶段，尤其是基层信用社员工的文化素质更是普遍不高。另外多数基层农信社员工的组织纪律性不强，业务水平低，从而加大了这些机构的操作风险。

4.2.5 流动性风险

流动性风险是指农村微型金融机构没有足够的现金来应付到期的资金偿还需求和未能满足客户的贷款需求或其他即付的现金需求，而使其自身蒙受损失

---

① 《操作风险》，http://baike.baidu.com/view/136636.htm。

的可能性。流动性风险与信用风险、市场风险和操作风险相比，形成的原因更加复杂和广泛，通常被视为一种综合性风险。流动性风险的产生除了因为金融机构的流动性计划可能不完善之外，信用、市场、操作等风险领域的管理缺陷同样会导致其流动性不足，甚至引发风险扩散，造成整个金融系统出现流动性困难。

4.2.6 政策性风险

政策性风险主要是指由于自身发展政策失误或经营政策的局限性而导致农村微型金融机构面临损失的可能性。这种风险主要来自金融机构发展目标缺乏整体兼容性或相互矛盾，为实现目标而制定的经营战略存在缺陷。此外，本书将农村微型金融机构的规模小、获利能力不强两个指标作为经营政策的局限性可能会引发风险的因素。

4.3 农村微型金融机构风险的外部生成机理

以上分析了农村微型金融机构面临的六大主要风险，从外部生成机理角度来看，主要包括经济风险、市场风险和信用风险。其中，对于演绎成经济风险的原因，我们选取了财政支农资金不足和城乡金融市场分割这两个指标；市场风险的机理主要为农业总产值增长缓慢和农民收入具有较强的不确定性两个方面；导致信用风险的主要因素有农村贫困问题依然严峻和农村居民文化水平不高。

4.3.1 财政支农资金不足

改革开放以来，我国每年的财政收入用于农业的资金总额也在不断增加。1978年国家财政用于农业的支出总额为150.66亿元，1990年国家财政支农总额为307.84亿元，是1978年的2.04倍。2004年以来，围绕中央"一号文件"的主题，从促进农民增加收入、提高农业综合生产能力、推进社会主义新农村建设、发展现代农业、加强农业基础设施建设等方面，一系列强农惠农的财政政策陆续实施。2006年财政资金按照"三个高于"要求加大了对农业的投入力度，即国家财政支农资金增量要高于上年，国债和预算内资金用于农村建设的比重要高于上年，其中直接用于改善农村生产生活条件的资金也要高于上年。2006年，国家财政用于农业的支出达到3 172.97亿元，比上年净增加

722.66亿元，是1978年的21.1倍。2008年，中央财政用于"三农"的支出达到5 955.5亿元，增长了37.9%，其中中央财政对农民的粮食直补、农资综合补贴、良种补贴和农机具购置补贴达到1 027.7亿元，增长了107.7%。2011年国家财政用于农林水事务支出总额为9 937.55亿元，是1978年的66.96倍。

尽管国家财政支农资金投入总额的增长幅度较大，但与我国农业的重要地位和发展要求相比，政府对农业的支持总量仍是低水平的。虽然，财政支农的增长速度较高（见图4.2），从1978—2011年的平均增长速度来看，国家财政支出的平均增速为11.73%，而用于农业总支出的平均增速为15.66%。但是，财政用于农业占全国财政支出的比重却在下降，1978年财政用于农业占全国财政支出的比重为13.43%，1980年下降为12.20%，1990年下降至9.98%，2011年进一步下降到9.09%（见图4.3）。

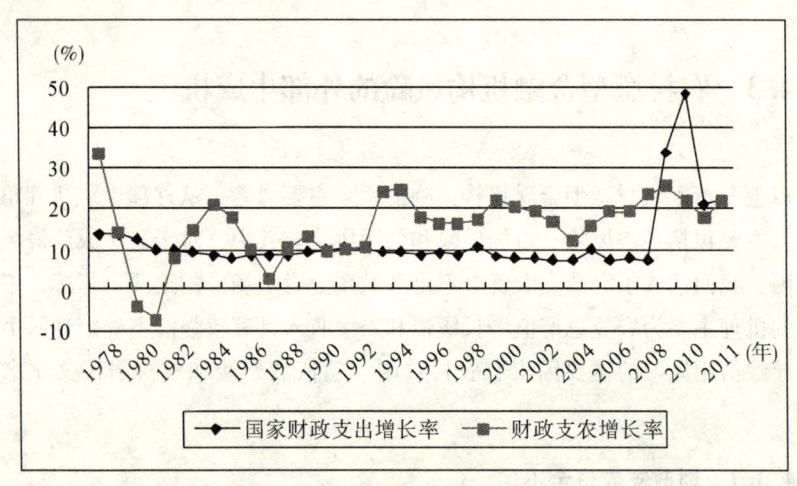

图4.2　1978—2011年我国财政支出及支农支出增长率

同时，从地方财政支农情况来看，也存在许多的不合理现象，支农绩效不高。审计署2009年5月20日公布了"10省区市财政支农资金管理使用情况审计调查结果"。结果显示：①部分地方财政支农投入未达到法定要求。据对10省区市（包括10个省级、113个市级和980个县级）的数据分析，农业总投入增长幅度未达到财政经常性收入增长幅度的省市县个数占总数的33%，财政支农投入增量未达到上年增长水平的省市县个数占总数的18%。②部分地方未按规定对财政支农投入进行统计和考核。未按规定对固定资产投资用于农村的增量、土地出让收入用于农村建设的增量和建设用地税费提高后新增收入

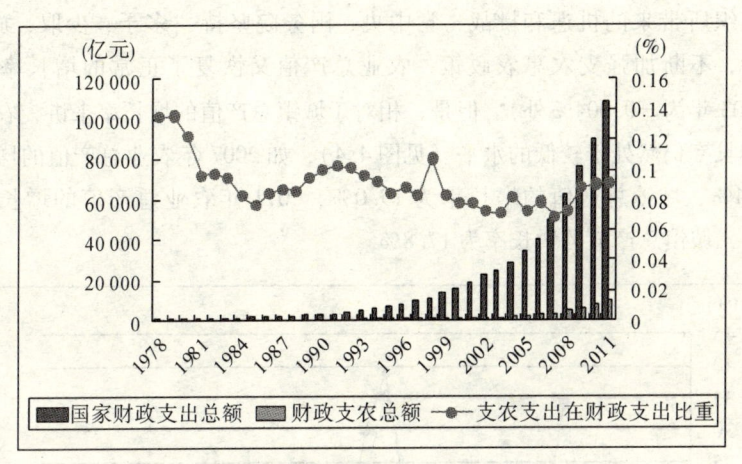

图 4.3　1978-2011 年我国财政支出与支农支出总额

主要用于"三农"的部分3项指标进行统计和考核的地区，分别占80%、75%和87%。③10省区市财政和有关主管部门违规使用资金26.93亿元，其中用于建房买车的资金为5 837.4万元，不规范管理资金45.75亿元，配套资金不到位65.97亿元。①

4.3.2　农业总产值增长较慢

长期以来以农村和农业的巨大牺牲为代价来推动城市工业经济突飞猛进的增长模式，导致了农业总产值增加缓慢。1957—1978 年，我国农业总产值的年均增长仅为1.4%。改革开放之初，由于农村率先改革，家庭联产承包责任制的逐渐普及极大地调动了农民的生产积极性，农业产量得到迅速提高。1979—1984 年的农业总产值增长率猛增至13.45%。1985 年，由于国家经济政策又开始向城镇倾斜，农业发展的进程又受到了一定程度的削弱，因此农业总产值增长率只有5.3%，而同年城镇总产值增长率却保持在34.1%。之后的11年（1986—1996 年）我国农村和城镇都保持了较快速度的增长，农业总产值的年均增长率为16.9%，城镇总产值的年均增长率为21.7%。1997 年以后，由于农业发展进入了新阶段，农产品供大于求、销售不畅、价格低迷，农业总产值的增幅开始下降：1997 年为2.3%，1998 年为2.8%，而1999 和2000 年还呈现了负增长（分别是-0.010%和-0.016%）。进入新世纪后，面对世界

---

① 《10省区市违规使用26.93亿资金，5 837万用于建房买车》，http://news.qq.com，2009年5月20日。

贸易组织所带来的机遇和挑战，党中央、国务院坚持"多予、少取、放活"的方针，不断加强支农惠农政策，农业总产值又恢复了正常的增长率水平（除 2003 年为 -0.004% 外）。但是，相对于城镇总产值的增长率来讲，农业总产值增长率仍然处于较低的水平（见图 4.4），如 2007 年农业总产值的增长率为 14.4%，城镇总产值的增长率为 19.0%，2011 年农业总产值的增长率为 17.2%，城镇总产值的增长率为 17.8%。

图 4.4　1979—2011 年我国农业和城镇总产值增长率

从各地区的数值来看（见图 4.5），2006 年东部、中部、西部和东北地区的农业总产值分别为 5 262.7 亿元、3 664.3 亿元、3 669.7 亿元和 1 355.1 亿元，比 2005 年分别增长了 9.4%、9.7%、7.7% 和 12.9%。与此同时，2006 年东部、中部、西部和东北地区的城镇总产值[①]分别为 123 934.89 亿元、39 816.27 亿元、36 676.03 亿元和 18 436.34 亿元，相比 2005 年分别增长了 17.2%、16.9%、19.6% 和 15.4%。到了 2010 年，东部、中部、西部和东北地区的农业总产值分别为 13 007.2 亿元、10 536.8 亿元、10 020.6 亿元和 3 376.4 亿元，相比 2009 年分别增长了 17.1%、22.8%、22.5% 和 16.1%。而 2010 年东部、中部、西部和东北地区的城镇总产值分别为 219 023.47 亿元、75 572.58 亿元、71 387.89 亿元和 34 117.05 亿元，比 2009 年的分别增长了 18.0%、22.9%、21.4% 和 21.1%。从各地区 2006 年和 2010 年城镇总产值和

---

① 由于各地区的乡镇企业增加值数据难以获得，这里的城镇总产值的数据等于全国国内生产总值减去农业总产值的差额。

农业总产值的增长比例来看,我们可以很清楚地看出农业总产值的增长速度明显低于城镇总产值的增长速度(只有2010年西部地区的例外),说明了对农业提供贷款的微型金融机构保障程度要低于城市商业银行,构成了金融风险产生的途径之一。

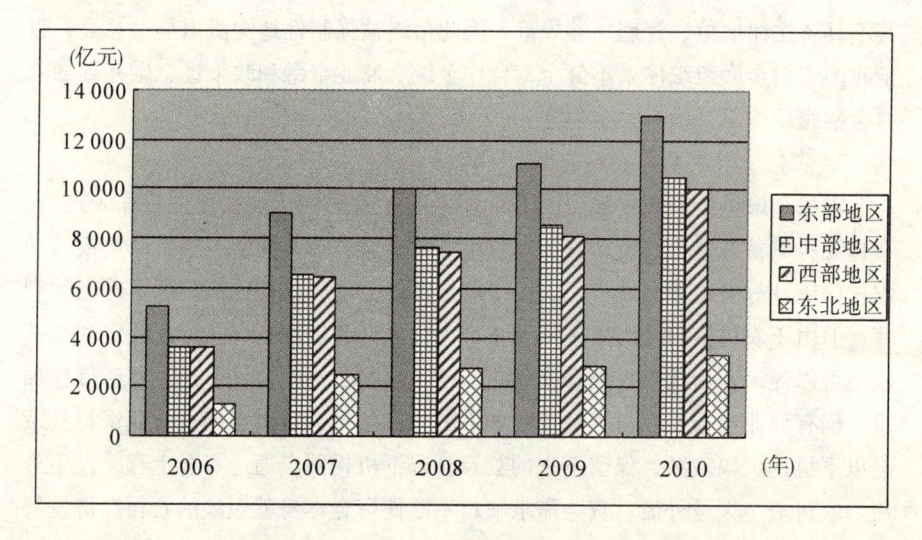

图 4.5　2006—2010 年各地区农业总产值

资料来源:根据《中国农村统计年鉴》(2007、2009 和 2011 年)整理得来。

4.3.3　城乡金融市场分割①

1. 城乡金融体系不对接

表面上看,农村金融体系比较完善,但是和城市相比则很不完善,而且城乡金融体系不对接。第一,作为政策性金融组织的农业发展银行业务单一,并不面向一般的涉农企业和农户贷款,服务农村经济的政策性功能缺陷明显。第二,从历次金融改革和发展的特点来看,"重城市、轻农村"趋势明显,不仅工、中、建等国有商业银行纷纷撤并在农村的经营机构和部分县支行,而且自20世纪90年代初以来,作为农村金融商品供给主体的中国农业银行,其基层机构收缩和撤并的力度也表现出明显的城市化倾向。据调查,全国农业银行系统设有农业银行营业机构的乡镇仅占乡镇总数的一半,相当一部分农村居民,面对的仍然是存在诸多问题的农村信用社。第三,农村合作金融流于形式。农

---

① 任保平,刚翠翠. 我国城乡市场分割的制度分析 [J]. 中州学刊,2011 (4):47-51.

村信用社不但经营机制绩效较差，而且农村信用社经营不善，社员参与信用合作的收益不能实现。加之农村信用社改革滞后，农村缺乏与经济发展相适应的合作金融组织。第四，非正规性金融发展受限。非正规金融组织和其他民间金融机构虽然具备金融深化的一些重要特征，但我国总体上采取限制政策，由于其不具备法律地位，管理不够规范，因此最终被强制性地淘汰出局。总之，目前我国农村金融组织体系不健全，合作金融、商业金融和政策性金融并存的农村金融组织体系并没有完全建立。

2. 农村金融供给非农趋向性

农村金融供给表现出强烈的城市和工商业趋向性特征。这种特征表现为：一是农村储蓄资金向城市转移。农村市场资金通过邮政储蓄、国有商业银行和农村信用社等渠道流向城市。农民是弱势群体，理应获得比其贷款更优惠的利率，但由于农村信用社历史包袱沉重，央行允许其贷款利率在国家法定利率基础上可以浮动，为此农民贷款要多付一倍的利息，使得农民贷款利息负担加重。国有商业银行是农村资金流向城市的另一条渠道。由于国有商业银行县及县以下机构大幅裁减，保留下来的县及县以下机构网点通过资金上存，发生外流。农村资金大量外流，资金需求缺口不断使资金本身就短缺的农村经济发展雪上加霜。二是表现为信贷资金趋向城市和非农产业转移。从全社会信贷资金产业投向看，信贷资金主要投放于工商业、服务业等非农产业。商业性金融机构收缩农村网点、农业政策性金融职能弱化、农村金融机构设置不合理、农村信用社历史包袱难以消化等因素的存在，造成了农村金融业务严重萎缩、信贷投放不足、农村正常贷款需要难以满足和城乡金融市场分割严重的问题。

4.3.4 农民收入具有较强的不确定性

由于农业具有不确定性和弱质性的特点，这就导致农民收入具有较强的不确定性，会给信贷市场带来较大的风险，这也正是众多国有商业银行退出农村金融市场的主要原因。

1. 农业生产的不确定性

众所周知，农业生产本身具有较长的周期性，从农作物的种植到收获要历经许久时间，这就使得农业生产不像工业、商业或其他服务业那样容易做出调整。同时，农业生产对象是有生命活力的生物有机体，农业生产过程包含了农作物的自然再生产过程，外界自然条件的任何变化都会对农业生产产生影响。如河南省的夏棉过了6月10日、浙江省的晚稻过了立秋再播种，其高产就没有保证。同时，天气中的光、温、水、风等因素不但影响着农作物产量，还影响着农作物质量。但自然是不可控的，即使人们开发出了先进的农业科技，天气仍然是影响全球农业生产的显著因素。如果天公作美，风调雨顺，农业会五谷丰登；反之，如果天公不作美，大发雷霆，农业则会产量锐减，甚至颗粒无收。

其次，农产品大多不易保存，且储藏费用较高，因此一般是在收获后不久就销售出去，即使市场价格低廉也要卖出；相反，当市场上某种农产品价格较高时，而此时该种产品稀少，就可能因短期内无法快速及时提供相应产品而错失良机。而且，由于农民的信息不对称，农业产品的需求弹性较小，农民无法及时掌握农产品的市场价格，因此即便在丰收季节也会出现"谷贱伤农"的现象。

最后，农产品加工流通市场问题重重。目前，在我国农产品收购、储藏、加工、营销等环节，特别是市场终端和农产品定价基本上被龙头企业控制；市场基本是以行政区域为依托，人为的条块分割严重阻碍了农产品合理流通；缺乏全国性统一、开放、规范、有序的农产品大市场，现有的大型农产品批发市场很少，对整个农产品市场价格影响有限。

2. 农业的弱质性

农业的弱质性体现了农业与其他产业相比在生产等方面所处的不利地位，其成因可以从农业本身出发进行解释。农业要利用生命有机体生长、繁育的自然规律获得农产品。在这一过程中，生命有机体的生长、繁育能力的大小和质量的高低与外界自然环境条件的好坏有着直接的关系。由于对自然环境有很强的依赖，因此，农业生产中的劳动时间和生产时间不一致，劳动不能"填充"农业生产的整个阶段，劳动时间小于生产时间。这样就自然使劳动作用不连续，分工和专业化也难以展开，农业中的分工经济难以获得，这会在很大程度上影响到农业生产效率。不仅如此，由于农业生产本身具有生产周期长、受自然风险和市场风险双重影响等特点，各种生产要素投于农业往往得不到社会平均利润。在比较利益的诱导下，农业与其他产业相比，不但不具备吸引外部资金投入的能力，而且在农业内部也难以阻止资金大规模地转向易于短期见效的非农产业。

从1978—2011年我国城乡居民收入、收入差及收入比的数值来看，可以发现在改革开放初期，城乡居民收入差距呈现逐渐缩小的趋势。1978年，城镇居民人均可支配收入343.6元，农村居民人均纯收入133.6元，城镇居民人均可支配收入是农村居民人均纯收入的2.57倍；1980年，城镇居民人均可支配收入477.6元，农村居民人均纯收入191.3元，城镇居民人均可支配收入是农村居民人均纯收入的 2.50 倍;而到了 1985 年,城镇居民人均可支配收入为 739.1 元,农村居民人均纯收入 397.6 元,两者的比例进一步缩小到 1.86 倍。从当前来看,由于农业比较效益低、经营风险大,农业的弱质性没有根本改变,农村第二、三产业远未发展壮大,这些形成了农村经济发展内部的不利因素。反观城镇地区,因受国家财政、税收等政策的倾斜,进而使收入差距不断扩大。2003 年,城镇居民人均可支配收入 8 472.2 元,农村居民人均纯收入 2 622.2 元,城镇居民人均可支配收入是农村居民人均纯收入的 3.23 倍;到了 2011 年,城镇居民人均可支配收入为 21 810 元,农村居民人均纯收入为 6 977 元,这一比例继续保持在 3.13∶1。

4.3.5 农村贫困情况依然严峻

我国是一个农业人口占多数的国家。长期以来形成的城乡二元结构,造成贫困人口绝大多数分布在农村,扶贫开发的主要对象是农民。2000 年以来,我国农村贫困人口仍然具有较大的规模,2000 年全国农村贫困人口 9 422 万,2010 年全国农村贫困人口仍然高达 2 688 万人(见表 4.3)。其中,在 2009 年农村贫困人口中,连续两年是贫困人口的有 1 356 万,占 37.7%;仅当年为贫困人口的有 2 241 万,占 62.3%。2007 至 2009 年三年间,至少有一年处于贫困的人口占农村总人口的比重为 8.0%。我国农村贫困人口不仅规模较大,而且贫困人口分布带有明显的区域差异性特征。2009 年全国东部、中部、西部贫困人口分别是 173 万、1 052 万和 2 372 万,分别比上年减少 75 万人、58 万人和 277 万人,下降幅度分别为 30.2%、5.2% 和 10.5%。全国农村贫困人口的 65.9% 分布在西部地区。2009 年,全国东部、中部和西部地区贫困发生率分别是 0.5%、3.3% 和 8.3%。[①] 庞大的农村贫困人口会在一定程度上滋生贷款违约事故,因为大多数贫困家庭的收入都普遍较低,按时还款的可能性也就大大降低了,这在 2008 年美国次贷危机中也得到了证实。

表 4.3 　　2000—2010 年我国农村贫困人口规模和贫困发生率

年份	贫困标准 (元/人・年)	贫困人口 (万人)	贫困人发生率 (%)	减少人数 (万人)
2000	865	9 422	10.2	—
2001	872	9 030	9.8	392

---

① 《中国农村贫困监测报告 2010》第 7 页。

表4.3(续)

年份	贫困标准 (元/人/年)	贫困人口 (万人)	贫困人发生率 (%)	减少人数 (万人)
2002	869	8 645	9.2	385
2003	882	8 517	9.1	128
2004	924	7 587	8.1	930
2005	944	6 432	6.8	1 155
2006	958	5 698	6.0	734
2007	1 067	4 320	4.6	1 378
2008	1 196	4 007	4.2	313
2009	1 196	3 597	3.8	410
2010	2 300	2 688	2.8	909

资料来源：2000—2009 年数据来自《中国农村贫困监测报告2010》第7页，2010 年的数据来自相关网站。

4.3.6　农村居民文化水平普遍不高

我国是个有13亿人口的农业大国，其中乡村人口近7亿，面对经济全球化的挑战，只有大力开发农村人力资源，建立起农业和农村经济赖以长期稳定发展的人力资本基础，才能保证农业和农村经济在新世纪的发展中立于不败之地。当前，我国农村劳动力资源丰富，截至 2010 年底，乡村总就业人数达4.14亿人，约占总人口的30.9%。但是，长时期的农村经济落后局面导致了农村的劳动力中受教育程度的低下。表4.4显示，1995年我国农村劳动力中文盲半文盲占 13.47%，具有高中及以上文化水平的比例仅占9.81%，平均受教育年限为 6.17 年，即便到了 2010 年，农村劳动力中文盲半文盲仍占5.73%，具有高中及以上文化水平的比例仅占17.39%，平均受教育年限为7.33 年。与一些发达国家相比，我国农民文化程度的差距依然较大，法国7%的农民具有大学文凭，60%的青年农民具有中专水平。德国7%的农民具有大学文凭，53%的农民受过 2~3.5 年的职业培训。日本农民中大学毕业的占5.9%，高中毕业的占74.8%，初中毕业的只有19.4%[①]。

---

① 廖星成. 中国三农问题研究报告 [M]. 北京：新华出版社，2005：144-145.

表4.4　　　　　　　　我国农村劳动力的文化状况　　　　　　　单位:%

指标	1995	2005	2006	2007	2008	2009	2010
文盲及半文盲	13.47	6.87	6.65	6.34	6.15	5.94	5.73
小学程度	36.62	27.23	26.37	25.76	25.30	24.67	24.44
初中程度	40.10	52.22	52.81	52.91	52.81	52.68	52.44
高中程度	8.61	10.25	10.52	11.01	11.40	11.74	12.05
中专程度	0.96	2.37	2.4	2.54	2.66	2.87	2.93
大专及以上	0.24	1.06	1.25	1.45	1.68	2.10	2.41
平均受教育年限[①]（年）	6.17	7.02	7.09	7.16	7.21	7.28	7.33

资料来源:《中国农村统计年鉴》2007年、2009年和2011年。

农村居民文化水平较低的局面，一方面不利于农村新型金融机构业务的推广。据陈雨露、马勇（2010）对100户农户的随机走访调查，80%左右的农民认为村镇银行无法完全确保其贷款资金的安全性，60%左右的农民选择将钱存在国有银行或农村信用社[②]。另一方面，这种局面会导致信用风险的增加。由于农民的受教育程度不高，无法懂得没有及时归还金融机构贷款的危害性，并且对于金融机构贷款政策也不能完全理解，因此有时候会凭借自己的个人意愿来处理贷款归还事宜。并且，部分农民缺乏金融观念，容易把小额贷款当做扶贫救济的财政补贴，获得贷款的冲动强，还款意愿不高。2007年全国各地区农村信用社农业贷款回收率中，经济较发达、受教育程度较高的省市贷款回收率偏高，其中天津100%、河北94.58%和江苏91.49%，而回收率较低的为青海70.86%、云南76.32%和江西79.13%[③]。

4.4　农村微型金融机构风险的内部生成机理

从农村微型金融机构风险的内部生成机理角度来看，主要有操作风险、流动性风险和政策性风险，其中，演绎成操作风险的机理我们将选取工作人员能

---

① 这里的计算方法为：平均受教育年限＝文盲及半文盲比例×1＋小学比例×5＋初中比例×8＋高中比例×10＋中专比例×11＋大专比例×13.5（按"五三学制"计算）。
② 陈雨露，马勇. 中国农村金融论纲 [M]. 北京：中国金融出版社，2010：212.
③ 《中国金融年鉴2008》第536页。

力有限指标予以说明;流动性风险的主要机理为不良贷款比例偏高、拨备覆盖率偏低和贷款过于集中;导致政策性风险的主要机理有金融机构规模小、获利能力不强和贷款定价机制存在缺陷三个方面。

4.4.1 金融机构规模小

金融机构发展规模的大小可以在一定程度上决定经营绩效的高低,因为大规模的金融机构可以凭借它们的雄厚资金实力及其在某些领域的权威性,获得可观的"超额利润"。但是,对于众多农村微型金融机构来讲,顾名思义,它们在这方面长期处于劣势地位。图4.6是2009年资产规模前5名的村镇银行,其中最大的是上海松江民生村镇银行,仅18亿元①。而同期的北京银行也拥有资产5 334.69亿元,上海银行拥有资产4 660.39亿元,南昌银行拥有资产442.65亿元,就连规模相对较小的日照银行也拥有资产近254亿元。由于这种"先天性"条件的制约,农村微型金融机构的抗风险能力相对较弱。

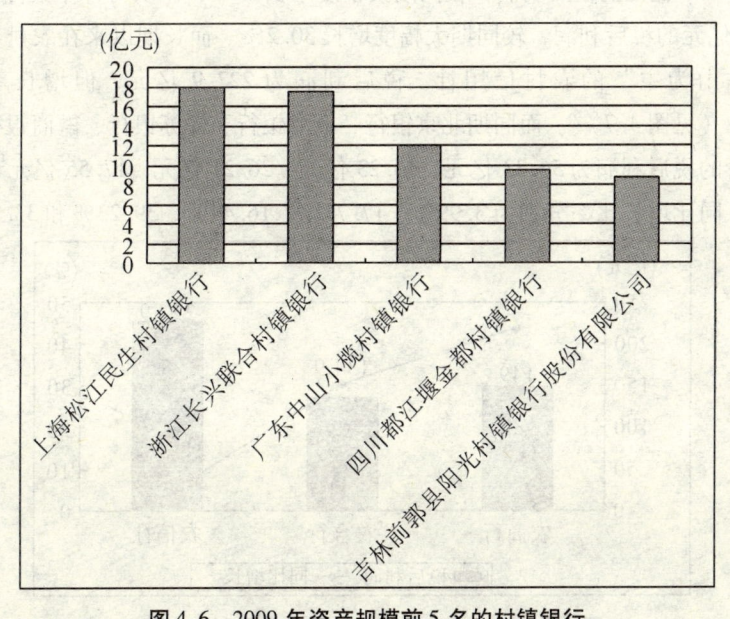

图4.6 2009年资产规模前5名的村镇银行

---

① 王松奇. 中国商业银行竞争力报告(2010)[M]. 北京:社会科学文献出版社,2011:196.

4.4.2 获利能力不强

由于很多农村微型金融机构,尤其是新型农村金融机构,它们成立的时间较短,在市场中还没有得到广泛关注和认可,所以部分金融机构获利能力较弱。四川惠民村镇银行成立后两年连续亏损,2007年和2008年分别亏损20万元和30万元。截至2007年10月31日,绵阳富民村镇银行共办理个人存款开户121户、个人存款余额为86万元;累计办理贷款业务22笔、累计发放贷款169万元,已收回贷款4万元,贷款余额为165万元,存贷比为179.35%;最低贷款年利率6.84%,最高贷款年利率9.711%,贷款加权年利率为8.275 5%。村镇银行各项业务开展正常,目前亏损3万元。[①]

2009年,在税后利润这一重要的经营指标上,农村中小金融机构表现参差不齐。既有较为抢眼的机构,也有相对平淡的机构。如农村商业银行2009年取得149亿元的税后利润,较同期大幅度增长43.8%。农村合作银行也取得134.9亿元的税后利润,较同期大幅度增长30.2%。而长期以来在农村金融市场"占山为主"的农村信用社,税后利润为227.9亿元,但增长率只有4.01%(见图4.7)[②]。而同期北京银行、上海银行、江苏银行、徽商银行和重庆银行的税后利润为56.33亿元、36.23亿元、26.21亿元、17.55亿元和8.76亿元,同比增长比率分别为3.99%、17.73%、16.44%、39.23%和33.71%。

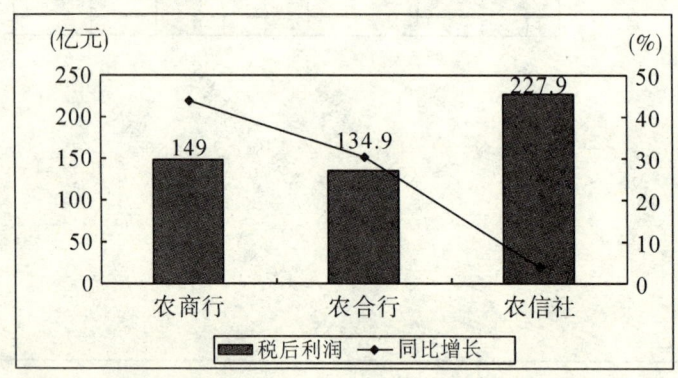

图4.7 2009年农村中小金融机构盈利能力情况

---

① 绵阳市金融学会课题组. 西部欠发达地区新型农村金融机构问题初探——基于绵阳富民村镇银行的案例剖析 [J]. 西南金融, 2008 (3): 34 – 36.
② 王松奇. 中国商业银行竞争力报告 2010 [M]. 北京: 社会科学文献出版社, 2011: 185 – 186.

4.4.3 不良贷款比例偏高

金融机构不良贷款率是评价金融机构信贷资产安全状况的重要指标之一。不良贷款率高,说明金融机构收回贷款的风险大;不良贷款率低,说明金融机构收回贷款的风险小。2009 年,我国商业银行不良贷款金额为 4 973.3 亿元,总体不良贷款率为 1.6%,但农村商业银行的不良贷款金额为 270.1 亿元,不良贷款率高达 2.83%,远超过平均水平;2011 年一季度大型商业银行不良率为 1.2%,股份制商业银行不良率为 0.7%,城市商业银行不良率为 0.9%,但农村商业银行不良率是最高的(为 1.8%)①。

图 4.8 为 2009 年的北京银行、徽商银行、重庆银行、上海银行、上海农村商业银行、北京农村商业银行、昆山农村商业银行和武汉农村商业银行八家银行的不良贷款率。不良贷款率最高的是武汉农村商业银行,高达 8.51%,最低的是重庆银行,只有 0.47%;从四家农村商业银行的不良贷款率的平均值来看,2009 年的为 5.45%,四家城市商业银行的不良贷款率的平均值为 1.00%。

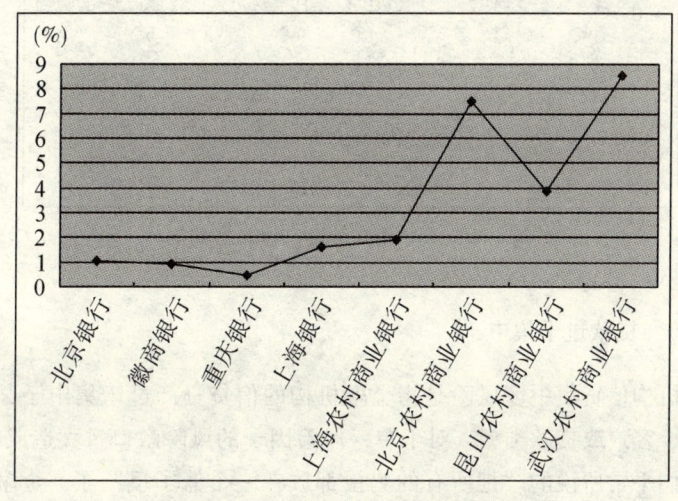

图 4.8　2009 年八大银行不良贷款率

4.4.4 拨备覆盖率偏低

拨备覆盖率是指金融机构贷款可能发生的呆、坏账准备金的使用比率,该

---

① 《一季度商业银行不良贷款率与去年持平》,http://free.chinabaogao.com,2011 年 8 月 12 日。

指标通常要求在100%以上，不良贷款拨备覆盖率是衡量商业银行贷款损失准备金计提是否充足的一个重要指标。该项指标从宏观上反映了银行贷款的风险程度及社会经济环境、诚信等方面的情况。拨备覆盖率是银行的重要指标，这个指标考察的是银行财务是否稳健，风险是否可控。图 4.9 为 2010 年八大银行的拨备覆盖率情况。我们可以看出，拨备覆盖率最高的是重庆银行（为534.45%），最低的是上海农村商业银行（只有154%），而 4 个农村商业银行的拨备覆盖率最高的是昆山农村商业银行，只有 240.15%。因此，相对于城市商业银行来说，农村商业银行的拨备覆盖率普遍偏低，最终可能导致其抵制风险的能力有限。

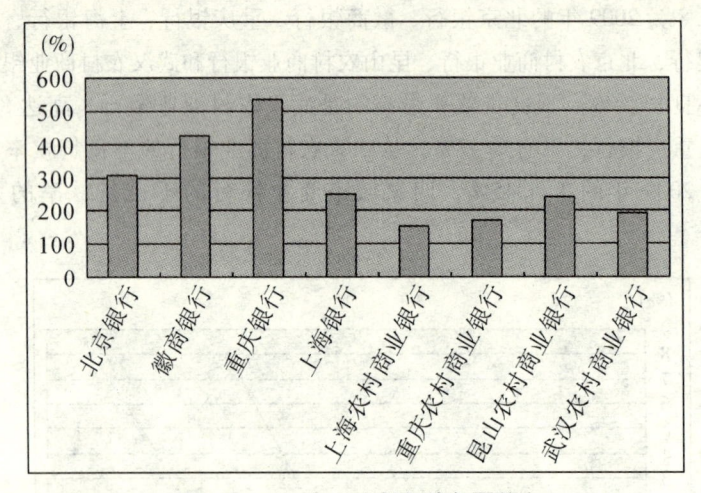

图 4.9　2010 年八大银行拨备覆盖率

4.4.5　贷款过于集中

金融机构信贷集中度风险是指金融机构的信贷资产过于集中于某一个行业、地区、客户或贷款类型，对于单一风险因子的风险敞口过大造成的风险，也就是我们平常所说的"把所有的鸡蛋都放在一个篮子里"了。金融机构信贷集中度风险具有累积性、系统性、瞬时性和毁灭性的特征。累积性是指银行信贷集中度风险的形成有一个过程，它是随着信贷资产向某些客户、行业、区域逐渐集中而逐渐加大；系统性是由于集中度过大，有可能使得银行面临某一行业和区域的系统性风险；瞬时性是指由于前期的风险被人们忽视，当风险真正出现时，往往以极快的速度迅速蔓延，银行的流动性迅速枯竭；毁灭性是指，一旦集中度风险爆发，往往意味着巨大的损失，甚至远超银行自身的资本金,直接导致商业银行的破产倒闭①。

贷款集中的一个重要限制性指标就是银行对单一客户的贷款余额与银行资本总额的比例,一般规定不应超过10%。最大10家贷款客户的贷款比例高低也是衡量贷款集中度的重要因素,一般不应超过银行资本总额的50%。但是,目前有些农村微型金融机构的贷款集中度远超过这个指标。例如,截至2010年6月末,青海省大通国开村镇银行对制造业、商务服务业和建筑业的贷款余额分别为1 144万元、3 000万元和1 500万元,占全部贷款余额的86.89%。二是客户集中。最大一家客户贷款余额为5 000万元,贷款集中度为173.35%;最大10家客户的贷款余额为14 520万元,贷款集中度高达503.39%,远超贷款集中度10%和50%的监管标准。三是期限集中。1-3年期的贷款余额为17 212.68万元,占全部贷款余额的93.82%②。

另外,从城乡商业银行的贷款集中度来看,农村商业银行的风险也显得更为明显。为了更容易比较,我们分别选择了来自相同省市的城市商业银行和农村商业银行(见表4.5)。第一,最大单一客户贷款比例方面,2009年北京银行的比北京农村商业银行的低2个百分点;2009年上海银行的比上海农村商业银行的低了近3个百分点,2010年上海银行的比上海农村商业银行的也低了近1个百分点;2009年南京银行的比昆山农村商业银行的低了1.4个百分点,2010年的比昆山农村商业银行的低了4.1个百分点;2009年重庆银行的比重庆农村商业银行低了1.8个百分点,不过2010年重庆农村商业银行在贷款战略上做了调整,将贷款进行了分散处理,比例下降到4.94%。第二,最大十家客户贷款比例方面,2009年上海银行的比上海农村商业银行低了3.5个百分点,2010年上海银行的比上海农村商业银行也低了4.2个百分点;2009年南京银行的比昆山农村商业银行低了15个百分点,2010年的比昆山农村商业银行低了25个百分点。

表4.5　　　　2009—2010年部分商业银行的贷款集中度　　　　单位:%

银行	最大单一客户贷款比例		最大十家客户贷款比例	
	2009年	2010年	2009年	2010年
北京银行	6.90	5.71	44.42	40.85

---

① 胡召平,黄旭.应重视商业银行的贷款集中度风险[N].上海证券报,2012-03-15.
② 刘淑萍.新型农村金融机构的困境与破解——以青海省大通国开村镇银行为例[J].青海金融,2010(10):17-19.

表4.5(续)

银行	最大单一客户贷款比例		最大十家客户贷款比例	
	2009年	2010年	2009年	2010年
北京农村商业银行	8.90	–	–	–
上海银行	4.43	3.07	36.49	28.03
上海农村商业银行	7.00	4.00	50.13	32.23
南京银行	5.98	3.10	37.41	25.18
昆山农村商业银行	7.34	7.22	52.42	51.76
重庆银行	6.31	5.29	56.29	47.43
重庆农村商业银行	8.10	4.94	–	–

资料来源：《中国商业银行发展报告2011》。

4.4.6 工作人员能力有限

现代金融的运行涉及金融、会计、数学、计算机、法律等多种综合性知识和专业技能，这样的复合型人才在我国金融界尤其是农村微型金融机构可谓是"凤毛麟角"。从目前成立的村镇银行及贷款公司来看，80%以上员工只有大专学历，与2007年和2008年国有商业银行和股份制商业银行对比相去甚远（见表4.6）。我们可以看到，2007年和2008年，12家银行人员具有本科以上学历比例最高的是兴业银行（68.44%），拥有研究生以上学历比例最高的分别是中信银行（11.75%）和民生银行（11.15%）。并且其中大多没有系统接受过金融专业领域的系统培训，对相关政策难以有效实施。此外有资料显示，小额贷款公司管理人员在内的从业人员90%以上未从事过金融业务，缺乏必要的金融政策法规知识、业务知识和管理经验，目前还没有建立一套完整的业务操作办法、岗位职责、内部管理制度和风险防控措施等。多家小额贷款公司没有相关部门组织培训，让对金融不熟悉的人员来管理和经营贷款业务，潜在的风险较大。

表4.6　　　2007年和2008年12家银行人员学历情况　　　单位:%

名称	研究生以上		本科以上	
	2007年	2008年	2007年	2008年
中国工商银行	1.5	1.8	35.5	35.8
中国银行	2.12	2.73	43.59	47.31
中国建设银行	1.96	2.36	35.55	38.84

表4.6(续)

名称	研究生以上		本科以上	
	2007 年	2008 年	2007 年	2008 年
中国农业银行	-	1.44	-	27.32
中国交通银行	3.16	3.80	45.46	51.89
中信银行	11.75	10.87	68.03	54.67
兴业银行	9.33	7.2	68.44	71.68
深圳发展银行			64	67
上海浦东发展银行	8.70	8.93	60.60	65.08
中国民生银行	9.60	11.15	60.70	71.41
浙商银行	11.66	10.89	67.71	65.47
恒丰银行	4.64	-	47.91	-

资料来源：王松奇. 中国商业银行竞争力报告2010 [M]. 北京：社会科学文献出版社，2011：351.

4.4.7 贷款定价机制存在缺陷

1. 农村微型金融机构贷款定价的主要影响因素

在激烈的信贷业务竞争过程中，农村微型金融机构如何争取信贷利率的主动权，找准信贷资金成本与收益的啮合点，提高和增强自身的盈利水平和能力，了解和掌握相应的贷款定价影响因素已成为当务之急。

（1）经营成本。经营成本是微型金融机构在经营期内应该负担的全部成本，包括营运成本、税金、员工工资及期间费用等。由于微型金融机构贷款具有规模小、期限短、分期贷款与分期发放的特点，使其期间费用相对商业金融机构更大。

（2）贷款规模。贷款规模包含一定时点上的总贷款存量和贷款增量。目前，大多数小额信贷机构发放的贷款实行小组联保制度，从而会影响小组成员的贷款动机。如果能够如期归还款项，贷款规模将会扩大；如果不能如期归还款项，则会缩小贷款规模[①]。

（3）贷款回收率。微型金融机构的贷款一般没有抵押品，并且信贷服务半径长，导致金融风险较大。此外，农村微型金融机构的一个普遍现象，就是工作人员较少，要在较短的时间内准确了解和掌握相关的农民信用资信程度等

---

① 韩红. 中国农村小额信贷制度及管理 [M]. 北京：中国社会科学出版社，2010：194-195.

信息显然力不从心，许多借贷关系也只有某个负责人能够决定，这样就造成了许多寻租行为，会进一步降低贷款回收率。

（4）市场利率。市场利率是市场资金借贷成本的真实反映，在很大程度上决定着农户和中小企业的储蓄、借贷欲望及借贷需求，并随着资金市场上的供求变化而经常变化。当前，很多新型农村金融机构的贷款定价基本上以同期市场利率为基准利率水平，由此可以拟定适宜的贷款利率水平。实际上，中国人民银行和中国银监会于2008年5月8日联合下达的《关于村镇银行、贷款公司、农村资金互助社、小额贷款公司有关政策的通知》已明确规定"四类机构的贷款利率实行下限管理，利率下限为中国人民银行公布的同期同档次贷款基准利率的0.9倍"。

（5）借款人信用。由于农业具有不确定性、弱质性和外部性等特点，农户经济条件受到外在因素的制约，致使借贷者的部分贷款会有拖欠，有的甚至会成为死账。因此，金融机构对借款人进行信用评估的办法一般采取"3+1诚信评价体系"，其中"3"代表诚信评价标准中包含的三个标准要素，即债权管理水平要素、债务和合同管理状况要素和公共记录状况要素，"1"代表财务状况要素。前三个要素决定借款人的诚信评价标准，后一个要素决定借款人的融资和偿付能力标准。

2. 农村微型金融机构贷款定价的现行模式

（1）成本导向模式。这种模式主要是从金融机构自身角度出发，贷款价格由成本加目标利润组成。该模式的贷款价格通常分为4个组成部分：可贷款资金成本、非资金性成本（包括人员的工资、评估和管理贷款项目的各项费用等）、贷款的风险升水（即对贷款可能发生的违约风险做出的必要补偿）、预期利润[①]。其计算公式为：

贷款利率 = 可贷资金成本率 + 非资金性成本率 + 贷款的风险升水率 + 预期利润率

成本导向模式的贷款价格有利于保障金融机构获得既定的目标利润，但是忽视了客户需求及市场竞争方面的因素，容易导致信贷市场的萎缩，因此比较适用于拥有固定客户群、具有较高影响力或贷款需求的旺盛时期。目前，只有一些地区的农村信用社、农业银行和邮政储蓄银行的小额贷款在采用该种模式制定贷款利率。

（2）价格导向模式。价格导向模式主要以市场一般价格水平为出发点，

---

① 李镇西. 微型金融：国际经验与中国实践 [M]. 北京：中国金融出版社，2011：25-26.

结合贷款的风险程度（如贷款的违约风险程度、贷款的期限风险程度等）来制定贷款价格，具有较高的合理性和竞争力。它的基本思路是，首先选择某种利率为基准利率，然后针对客户信用等级和风险程度的差异设定不同的风险溢价。其计算公式为：

贷款利率＝市场基准利率＋贷款违约风险溢价点数＋期限风险溢价点数

这种定价模式能够较好地反映市场上的资金供求状态，而且也有利于金融机构规避信贷风险，因而使用得比较广泛。

（3）客户导向模式。以上两种定价模式只是考虑到成本、风险及目标利润因素，并未考虑客户的附属性金融服务所带来的中间业务收入。实际上，在金融业日益发达的今天，中间业务收入在各金融机构中所占比例正在逐渐增加，各机构也在不断努力追逐资产评估、个人理财、结算、代理、代发工资等中间业务，因而这些必定也是农村微型金融机构在定价时要面对的。该模式认为贷款定价应全面考虑客户与银行各种业务往来的总成本、总收益和目标利润，然后以此来权衡定价水平。其计算公式为：

贷款利率＝（目标利润＋为该客户提供贷款的总成本－提供贷款中除贷款利息以外的总收入）÷贷款总额

一般来说，这种定价方式比较适用于金融机构来往关系密切、资金需求量较大的客户，因此大多数资金实力雄厚的农村微型金融机构（如村镇银行）采用得较多。

3. 当前农村微型金融机构贷款定价机制中的风险成分

（1）贷款定价具有随意性。目前，许多金融机构都设立了贷款利率定价最高权力机构的理事会，但是在实际过程中的许多贷款通常带有很大的主观性和随意性，容易出现"人情利率"和"关系利率"等问题，难以充分发挥科学的决策定价战略以及制定相关制度的作用。同时，由于许多新开业的新型金融机构起步晚、根基浅、资金实力不足、追求赢利心切，使得他们制定的相关政策普遍存在短期行为，缺乏中长期发展规划，贷款定价机制的制定水平不高，规范性不足。

（2）贷款定价方法过于简单。以上我们分别介绍了当前我国农村微型金融机构贷款定价的现行主要模式，不难发现在现实情况日益复杂的背景下，单纯采用某一种方法来执行必定难以适应环境的变化。同时，在贷款实际操作中，部分农村微型金融机构只按贷款种类和期限进行简单区分，然后再确定一个固定的浮动区间，有的甚至采取"一刀切"的单一标准，无法有效体现贷款利率差别化、风险与收益相匹配的原则，容易造成不同客户贷款利率的趋同，有悖于资金优化配置和风险匹配的要求①。

这里，我们以李宏伟等人（2007）② 对四川省金融机构2006年的调查数据为例进行说明。如果单纯采用成本导向模式进行定价（见表4.7），可以看出不同类别的金融机构存在明显差异。如果事前确定了贷款利率水平，则银行贷款利润的大小取决于可贷资金综合成本、非资金性成本和风险补偿的高低。一是可贷资金综合成本，全国性股份制商业银行最低能达到1.6%，地方性城市金融机构约2%，农村信用社约为2.5%；二是非资金性成本，全国性股份制商业银行对小企业贷款约1%，地方性城市金融机构微小贷款成本一般高于1%，农村信用社达1.5%；三是风险定价，按照《巴塞尔资本协议》等相关规定进行测算，全国性股份制商业银行贷款风险补偿率较低，约4.3%，地方性城市金融机构在10%以上，农村信用社更高。因此，如果微小贷款利率为9%时，则全国股份制商业银行能够实现微利，而地方性城市金融机构和农村信用社会亏损。

表4.7　2006年四川省金融机构微小贷款利润测算（成本导向模式定价）

单位:%

名称	全国股份制商业银行	地方性城市金融机构	农村信用社
可贷资金综合成本（A）	1.6	2	2.5
非资金性成本（B）	1	>1	1.5
风险定价（C）	4.3	>10	>10
贷款利率（D）	9	9	9
银行贷款利润（=D-A-B-C）	2.1	亏损	亏损

（3）贷款风险意识不强。长期以来，一些农民对国家支农政策产生了很强的依赖心理，凡是涉农方面的政策举动都被认为是对农民的"救助"。因此，部分农户认为在信贷机构借钱，可以先不用考虑归还。而且，在多方利益的驱使下，金融机构容易过度承担风险，导致过多借贷，而农民这种靠天吃饭的生产经营意识已经根深蒂固，加之农产品受市场价格影响较大，贷款的偿还受外界因素影响明显。因此，针对农户的小额贷款通常可用担保资源稀少，极易形成信贷的道德风险。

---

① 张红伟，曹邦英. 我国农村信用社贷款利率定价研究 [J]. 价格理论与实践，2010（11）：60-61.

② 中国人民银行金融市场司. 2006信贷政策调研与金融市场分析 [M]. 北京：中国金融出版社，2007：144.

5. 我国农村微型金融机构风险的评价与度量

5.1 金融风险度量的常用方法

5.1.1 指标分析法

金融风险主要是指金融机构（包括正规的和非正规的）在从事实际金融活动（包括信贷、投资、买卖等）中，因各种因素而受到损失，最终可能导致金融机构难以健康运行甚至对整个金融体系的稳健运行构成威胁的一种状态。因此，可以设立系列指标并给予一定的分值，对金融机构风险进行直观的描述和度量。由于金融危机发生异常的不良反应大都有 1~2 年的前置期，如果能够及时地发现指标的异常反应并进行适度地调控，就可以防范或避免金融危机的发生。同时，相关的经济金融指标必须全面而灵活，既要有宏观和微观的经济金融指标，又要有外部和内部的经济金融指标，并且指标要随经济发展及时更新、变化。

5.1.2 敏感性分析法

敏感性分析法（Sensitivity Analysis Method）是指从众多不确定性因素中找出对投资项目经济效益指标有重要影响的敏感性因素，并分析、测算其对项目经济效益指标的影响程度和敏感性程度，进而判断项目承受风险能力的一种不确定性分析方法。灵敏度分析方法是对风险的线性度量，它可以测定市场因子的变化与证券组合价值变化的关系。对于市场因子的特定变化量，通过这种变化关系可得到证券组合价值的变化量，针对不同的金融产品有不同的灵敏度。灵敏度方法因其简单直观而得到了广泛的应用，但是它有如下缺陷：近似性、对产品类型的高度依赖性、不稳定性和相对性①。

5.1.3 波动性分析法

波动性分析主要是基于实际结果与期望结果偏离的程度来反映将来的不确定性事件，它可以通过相关模型进行量化以检测资产的风险性，通常以一年内涨落的标准方差来测量。波动性与持有股票可能的回报率区间及其发生的概率相关。一种股票的波动性越大，其可能产生结果的区间范围越大，收益在区间边缘的概率也越大。

5.1.4 VaR 分析法

VaR 方法（Value at Risk，VaR），称为风险价值模型，是 J. P. 摩根公司用来计量市场风险的产物，是指在正常的市场条件下，某一金融资产或证券组合的最大可能损失。更为确切的是指在一定概率水平（置信度通常是 95% 或 99%）下，某一金融资产或证券组合价值在未来特定时期内的最大可能损失。VaR 特点主要有：第一，可以用来简单明了地表示市场风险的大小，没有任何技术色彩，没有任何专业背景的投资者和管理者都可以通过 VaR 值对金融风险进行评判；第二，可以事前计算风险，不像以往风险管理的方法都是在事后衡量风险大小；第三，不仅能计算单个金融工具的风险，还能计算由多个金融工具组成的投资组合风险，这是传统金融风险管理所不能做到的。它的原理是根据资产组合价值变化的统计分布图直观地找到与置信度相对应的分位数。

5.2 农村微型金融机构风险度量——基于指标分析法

5.2.1 评价指标体系设立的原则及说明

5.2.1.1 指标设立的原则

由于金融机构的风险评价指标体系错综复杂，因此有必要归纳农村微型金融机构风险指标设立的原则，从而为遴选出相应的评价指标体系奠定基础。农村微型金融机构风险的指标设立应遵循以下五项原则：①具有科学性。为了给中央银行或监管当局提供危机可能发生的有效信息，以便及时地采取相应的防

---

① 王燕，杨文瀚. 金融风险度量方法的研究进展 [J]. 科技进步与对策，2005 (8)：194 - 196.

范措施，因而指标体系必须建立在科学的基础上，指标概念必须明确，计算方法也必须规范。②具有充分性。要求所选用的指标类别要宽，力求能够多视角、全方位地反映金融机构风险的迹象。③具有较强的灵敏性。选择的指标应具有高度的灵敏性，因为指标的细微变化能够直接映射金融稳定状况的变化。④具有可测性。每项指标都可以从现存的经济、金融数据中直接得到或计算出来。在量化指标的基础上，应补充一些重要定性指标。⑤具有可控性。针对指标量化分析的结果，金融机构可以通过管理工具或技术手段进行调控，否则决策者不知该用何种工具去调节，指标也就失去了存在的价值。

5.2.1.2 评价指标体系说明

2004年，中国银行业监督管理委员会（以下简称银监会）印发了《农村合作金融机构风险评价和预警指标体系（试行）》。该体系是在总结监管经验的基础上，借鉴国际惯例并结合我国农村合作金融机构的实际情况而制定的。它突出了农村合作金融机构的特点，是农村合作金融机构监管理念和监管方法的重大变革（见表5.1）。

1. 资本充足性指标

（1）资本充足率。资本充足率（Capital Adequacy Ratio，CAR）是一个银行的资产对其风险的比率，国家调控者跟踪一个银行的CAR来保证银行可以化解吸收一定量的风险，是保证银行等金融机构正常运营和发展所必需的资本比率，一般要求不低于8%，满分设为16分。

（2）核心资本充足率。核心资本充足率（core capital adequacy ratio）是指核心资本与加权风险资产总额的比率，要求不低于4%，满分设为4分。

表5.1 2004年农村合作金融机构风险评价和预警指标体系（试行）

指标类别	分值	指标名称	本类指标分值	评价区间	计分公式
一、资本充足性指标	20分	资本充足率	16分	8%~0	16 -（8% - 指标值）/0.5%
		核心资本充足率	4分	4%~0	4 -（4% - 指标值）/1%
二、流动性指标	10分	备付金比例	5分	5%~0	5 -（5% - 指标值）/1%
		资产流动性比例	2.5分	60%~10%	2.5 -（60% - 值）/20%
		拆入资金比例	2.5分	0~10%	2.5 - 指标值/4%

表5.1(续)

指标类别	分值	指标名称	本类指标分值	评价区间	计分公式
三、安全性指标	30分	不良贷款比例	5分	10%~50%	5-(指标值-10%)8/%
		不良贷款预计损失比例	5分	5%~30%	5-(指标值-5%)/5%
		不良贷款预计损失抵补率	5分	30%~0%	5-(30%-指标值)/6%
		对最大一户贷款比例	2分	30%~70%	2-(指标-30%)/20%
		对最大十户贷款比例	4分	150%~350%	4-(指标-150%)/50%
		最大十户贷款欠息比例	4分	0~40%	4-指标值/10%
		不良非信贷资产比例	5分	10%~50%	5-(指标值-10%)/8%
四、效益性指标	20分	资产利润率	10分	1%~0%	10-(1%-指值)/0.1%
		利息回收率	10分	95%~55%	10-(95%-指值)/4%
五、综合发展能力指标	10分	存款增长率	4分	10%~0	4-(10%-指标值)/2.5%
		不良贷款余额下降率	4分	20%~0	4-(20%-指标值)/5%
		固定资产比例	2分	50%~100%	2-(指标-50%)/25%
六、管理能力①	10分	法人治理结构	1分		
		风险管理能力	3分		
		内控制度的健全性	1分		
		内控制度的有效性	3分		
		报表资料的真实性	2分		

2. 流动性指标

(1) 备付金比例。备付金是指商业银行为应付日常客户提取现金的业务，而保留的一定额度的现金资产，现在常指商业银行存在中央银行的超过存款准备金率的那部分存款，一般称为超额准备金，满分设为5分。

(2) 资产流动性比例。资产流动性比例是指商业银行各项流动资产与各项流动负债的比例。人民银行监管要求人民币和本外币合并资产流动性比例不低于25%，这是商业银行进行风险等级评定的重要组成部分。它是反映商业

---

① 因管理能力所包含的指标没有固定数值的要求，所以本书不予以详细说明。

银行资产流动性强弱的指标，对监督和评价商业银行的资产流动状况，考核银行是否具备足够的资金储备以防范市场风险具有重要意义，满分设为 2.5 分。

（3）拆入资金比例。拆入资金比例指一定时期内拆入资金额占各项存款余额的比例，拆入资金比例是衡量商业银行流动性风险及其程度的指标之一。根据监管要求，拆入资金比率不高于 4%，满分设为 2.5 分。

3. 安全性指标

（1）不良贷款比例，是指金融机构的贷款总额与存款总额的对比，该比率越高，表明负债对应的贷款资产越多，银行的流动性就越低，满分设为 5 分。

（2）不良贷款预计损失比例，是不良贷款预计损失额与各项贷款期末余额的对比，满分设为 5 分。

（3）不良贷款预计损失抵补率，等于呆账准备与呆账准备借方发生额之和再除以不良贷款预计损失额与呆账准备借方发生额之和，满分设为 5 分。

（4）对最大一户贷款比例，就是金融机构对最大单一客户的贷款与资本总额比例，一般要求不能超出 10%，满分设为 2 分。

（5）对最大十户贷款比例，就是金融机构对最大十家客户的贷款与资本总额比例，一般要求不能超出 50%，满分设为 4 分。

（6）最大十户贷款欠息比例，就是十户贷款表内、表外应收利息期末余额除以十户贷款表内、表外应收利息期末余额与十户贷款本期实收利息额之和的比值，满分设为 4 分。

（7）不良非信贷资产比例，就是不良非信贷资产与非信贷资产的比值，其中非信贷资产包括：短期投资、长期国债投资、上市长期企业债券投资、其他长期债券投资、其他长期投资、拆放全国性银行、拆放其他银行业、拆放金融性公司、调出调剂资金、其他应收款、不良非信贷资产。不良非信贷资产包括：不良其他长期投资（到期没有兑现的其他长期债券投资和当年没有收益的其他长期投资，下同）、逾期拆放全国性银行、逾期拆放其他银行业、逾期拆放金融性公司、逾期调出调剂资金、待处理抵债资产、应收利息、应收再贴现款项、应收转贴现款项、长期其他应收款，满分设为 5 分。

4. 效益性指标

（1）资产利润率，也叫资产报酬率（Rate of Return on Assets，ROA），它是用来衡量每单位资产创造多少净利润的指标，满分设为 10 分。

（2）利息回收率，是指贷款实收利息（利息收入减去应收利息增加额）与（贷款）利息收入比率，满分设为 10 分。

5. 综合发展能力指标

（1）存款增长率，是指金融机构的当年存款总额与上年存款总额的增长幅度，该比率越高，表明综合发展能力越强，满分设为4分。

（2）不良贷款余额下降率，是指本年不良贷款余额较上年不良贷款余额下降的比率，满分设为4分。

（3）固定资产比例，是固定资产总额与净资产的比值，显示资产固化率的高低，满分设为4分。

5.2.2 本书评价指标的遴选

在设计微型金融机构风险评价指标体系工作中，为保证指标的可比性、可操作性和评价结果的公平性，评价指标应当尽量考虑由经营状态指标构成。参照《新巴塞尔协议》规定的银行最低限度资本要求以及《有效银行监管的核心原则》规定的全方位、多角度系统监管要求，同时借鉴发达国家的金融机构运营预警制度，以2004年银监会《农村合作金融机构风险评价和预警指标体系（试行）》和一些地区实施的《农村合作金融机构风险预警标准》内容为依据，借鉴刘进宝、何广文（2009）[1]的设计方式，并结合实际数据的可验证性，笔者列出了如下四组评价指标类别（见表5.2）。

表5.2 农村微型金融机构风险评价指标分值表

指标类别	分值	指标名称	指标分值	评价区间	计分公式
一、资本充足性指标	20分	资本充足率	10分	8%~0	10 − (8% − 指标值)/0.5%
		核心资本充足率	10分	4%~0	10 − (4% − 指标值)/1%
二、流动性指标	30分	存贷款比例	10分	75%~100%	10 − (指标值 − 75%)/5%
		净利润增长率	10分	20%~50%	10 − (20% − 指标值)/1%
		资产收益率	10分	3%~1%	10 − (1% − 指标值)/1%

---

[1] 刘进宝，何广文. 中国农村中小型金融机构风险度量管理研究 [M]. 北京：中国农业出版社, 2009: 165 - 170.

表5.2(续)

指标类别	分值	指标名称	指标分值	评价区间	计分公式
三、安全性指标	40分	不良贷款率	10分	6%~10%	10-(指标值-6%)/1%
		拨备覆盖率	10分	100%~200%	10-(100%-指标值)/10%
		对最大单一客户贷款比例	5分	10%~20%	5-(指标值-10%)/2%
		对最大十家客户贷款比例	5分	50%~80%	5-(指标值-50%)/10%
		前五大行业贷款集中度	10分	100%~150%	10-(指标值-100%)/30%
四、综合发展能力指标	10分	存款增长率	5分	10%~0	5-(10%-指标值)/2.5%
		不良贷款余额下降率	5分	25%~0	5-(25%-指标值)/5%

5.2.3 农村微型金融机构风险的度量结果

根据上文设计的评价指标体系，应用中国建设银行研究部专题组提供的《中国商业银行发展报告（2009—2011）》资料，部分缺失的数据按照历年数值推算获得，我们选取了北京农村商业银行、上海农村商业银行、顺德农村商业银行、张家港农村商业银行、常熟农村商业银行、昆山农村商业银行、武汉农村商业银行、重庆农村商业银行八家微型金融机构作为研究对象，对其进行了风险评价和度量（结果见表5.3和图5.1）。

表5.3　　　　农村微型金融机构风险度量结果　　　　单位：分

金融机构名称	2008年	2009年	2010年	平均值
北京农村商业银行	84.41	83.50	89.45	85.79
上海农村商业银行	81.13	84.79	80.02	81.98
顺德农村商业银行	79.85	89.18	89.42	86.15
张家港农村商业银行	75.0	78.88	87.59	80.49
常熟农村商业银行	85.0	79.52	82.45	82.32
昆山农村商业银行	73.19	82.68	86.26	80.71
武汉农村商业银行	79.56	90.0	83.03	84.20
重庆农村商业银行	79.70	89.52	90.0	86.41
平均值	79.73	84.76	86.03	83.51

资料来源：根据《中国商业银行发展报告（2009—2011）》计算整理得来，数值四舍五入并保留两位小数。

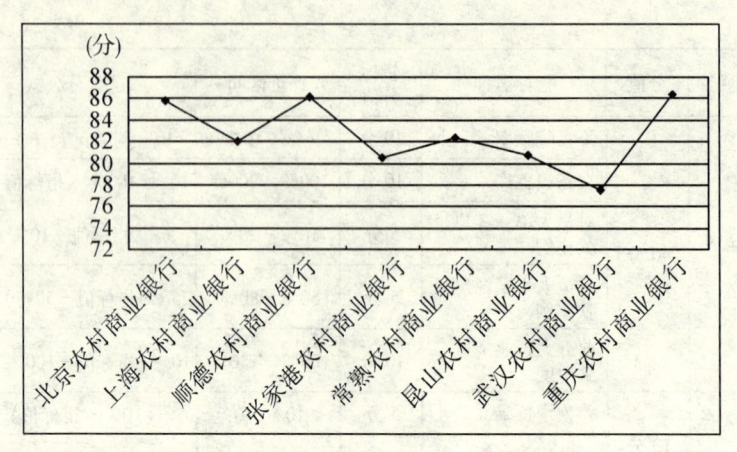

图 5.1　各微型金融机构风险平均度量值

从表 5.3 度量的结果我们可以看出，2008 至 2010 的三年当中，八家农村商业银行的风险度量的最终平均分值为 83.51 分，说明了我国农村微型金融机构的经营状况在总体上比较稳健，基本上达到风险监管的要求，控制风险能力较强（见表 5.4）。从各自年份的平均值来看，2008 年、2009 年和 2010 年的分别为 79.73 分、84.76 分和 86.03 分，分值呈现逐步上升的趋势，由此我们可以作出一个基本判断，就是我国农村微型金融机构的风险控制能力在逐步增强。其次，从各个农村商业银行的平均分值来看，西部地区的重庆农村商业银行的分值最高（86.41 分），中部地区的武汉农村商业银行分值居中，东部地区的张家港农村商业银行分值最低。因而，笔者认为各地区的农村微型金融机构的风险控制能力存在一定差别，但差距较小。

另外，从四组指标体系的具体分值来看①，我们可以得出如下结论：①八家农商行的资本充足性指标基本上获得满分 20 分，资本充足率在 8% 以上，核心资本充足率均超过了 4%。②各个农商行存贷款比例都很高，大大超出了评价区间值，存贷款比例几乎为零；大多数机构的资产收益率保持在 1% ~ 2% 之间，总体上处于盈利状态。③由于上世纪末我国诸多地区金融机构发生了不同规模的不良贷款，致使金融部门遭受了重大损失，相关的金融监管部门也加大了对不良贷款率的跟踪和监管，因此八家农商行的不良贷款率基本处于可控范围。但是与同期城市商业银行相比，还是存在一定程度的差距。如前所述，在 2009 年，我国商业银行总体不良贷款率为 1.6%，但农村商业银行的不

---

①　因数据较多，这里无法一一列出。

良贷款率高达 2.83%，远超过平均水平；2011 年一季度大型商业银行不良率为 1.2%，股份制商业银行不良率为 0.7%，城市商业银行不良率为 0.9%，但农村商业银行不良率是最高的，为 1.8%[①]。④部分机构的最大十家客户贷款比例偏高。根据银监会的要求，这一比例不得超过 50%，而本次样本中有 10 个年份超出了规定的数值，有些机构的比例竟高达 69%，这不利于信贷结构的优化，加大了贷款的风险。

表 5.4　　　　农村微型金融机构风险综合评级标准表

综合得分	风险等级	评级说明
90 分（含）以上	A+级（绿色）	经营稳健，达到风险监管的各项要求，且控制风险能力十分强
80 分（含）至 90 分	A 级（蓝色）	经营比较稳健，基本达到风险监管的各项要求，控制风险能力较强
70 分（含）至 80 分	A-级（紫色）	经营基本稳健，达到风险监管的主要要求，在个别方面未达到风险监管要求
60 分（含）至 70 分	B 级（粉色）	经营状况正常，基本达到风险监管的主要要求，但存在一定缺陷
45 分（含）至 60 分	B-级（白色）	经营存在一定的风险，较多方面未达到风险监管要求，应引起关注
30 分（含）至 45 分	C 级（黄色）	经营状况很差，存在问题较多，风险较大，控制、化解风险的能力很强
30 分以下	C-级（红色）	经营状况非常差，有严重缺陷和问题，风险很大，控制、化解风险的能力基本丧失

5.3　农村微型金融机构风险度量——基于 VaR 方法

5.3.1　VaR 方法介绍

5.3.1.1　VaR 方法简介

风险价值是一种利用统计思想对金融风险进行估值的方法。作为一种市场风险测定和管理的工具，它最早起源于 20 世纪 80 年代。我们通常可以将其用数学公式表示为：

[①] 《一季度商业银行不良贷款率与去年持平》，http://free.chinabaogao.com，2011 年 8 月 12 日。

$$P(\Delta P\Delta t \leqslant -VaR) = 1 - a \tag{5.1}$$

其中，P 为资产价值损失小于可能损失上限的概率，ΔP 表示某一金融资产在一定持有期 Δt 的价值损失额，VaR 是给定置信水平 a 下的在险价值，即可能的损失上限，a 为给定的置信水平。

VaR 主要有三种计算方法：参数模型法（Parametric Models）、历史模拟法（Historical Simulation Approach）和蒙特卡罗模拟法（Monte Carlo Simulation）。参数模型法是一种常用的估计 VaR 值的方法，利用证券组合的价值函数与市场因子间的近似关系、市场因子的统计分布简化 VaR 计算，主要包含四种方法，即投资组合法、资产标准化法、Delta－类模型和 Gamma－类模型分析法，它们都是假设具有正常的收益率，把 VaR 当做投资收益率的标准误差。历史模拟法比参数模型法计算强度更大，它不需要对收益率的分布做任何假设，主要依赖于过去一段时间内的资产组合收益的频率分布，找到在历史上一段时间内的平均收益以及在给定置信水平下的最低收益水平来进一步估计 VaR 的值，采用的是全值估计法。蒙特卡罗模拟法是一种基于大量事实以表示影响投资组合未来价值的变动来计算 VaR 估计值的方法，它依赖于计算机进行统计推断，因此比较耗时，但与历史模拟法不同的是，该方法允许用户修改未来的模式。

根据贝克曼和格劳（2004）[①] 的理论假设，记 $X1$，$X2$，$X3\cdots$ 是分布函数为 $F(X) = P\{Xi \leqslant x\}$ 的同分布随机变量，Xi 代表各种所需研究的风险变量。风险变量 Xi 超过某一设定的较高的门限值 g 的分布函数可用广义帕累托分布（Generalised Pareto Distribution，GPD）分布函数，即 $GPD_{\varepsilon,\beta}$ 来表示：

$$GPD_{\varepsilon,\beta}(y) = \begin{cases} 1 - \left(1 + \dfrac{\varepsilon}{\beta}y\right)^{-\varepsilon}, & \varepsilon \neq 0, \beta \geqslant 0 \\ 1 - e^{-y/\beta}, & \varepsilon = 0, \beta \geqslant 0 \end{cases} \tag{5.2}$$

上式中，ε 是决定分布形状的参数，β 是附加参数。当 $\varepsilon > 0$ 时，GPD 为普通帕累托分布，很长时间被精算数学用作巨额损失模型。当 $\varepsilon = 0$ 时，为指数分布。当 $\varepsilon < 0$ 时，为帕累托 II 型分布。有了分布函数，$\hat{VaR}$ 的估计结果为：

$$\hat{VaRa} = g + \frac{\hat{\beta}}{\hat{\varepsilon}}\left\{\left(\frac{n}{Ng}(1-a)\right)^{-\varepsilon} - 1\right\} \tag{5.3}$$

由于 $ESa = VaRa + E[X - VaRa | X > VaRa]$，所以 $\hat{ES}$ 的估计结果表示为：

[①] JEAN－FRANCOIS BACMANN，GREGOR GAWRON. Fat tail risk in portfolios of hedge funds and traditional investments [J]. EFMA 2004 Basel Meetings Paper，2004：1－28.

$$\hat{ESa} = \frac{\hat{VaRa}}{1-\hat{\varepsilon}} + \frac{\hat{\beta}-\hat{\varepsilon g}}{1-\hat{\varepsilon g}} \tag{5.4}$$

其中，n 为观察值个数，g 为一设定的较大的门限值，Ng 为 n 个观察值中大于 g 的个数。

5.3.1.2 本书的 VaR 求解模型

由于本书的研究具有数据容量小、市场不规范的缺陷，如果将这一时期的数据加入分析变量数列则会造成风险特征的扭曲。为此，参照周晔（2010）[1]、温红梅和韩晓翠（2010）[2] 的计算方法，本书采用 VaR 的方差—协方差模型，计算公式和研究假设如下：设资产组合的初始价值为 W，持有期末的期望收益为 R，R 的数学期望和标准差为 μ 和 σ，在给定的置信水平 α 下，资产组合的最低价值为 $W^* = W(1+R^*)$，其中 R^* 为对应的收益率。则有：

$$VaR = E(W) - W^* = -W(R^*-\mu) \tag{5.5}$$

在收益变化服从正态分布的情况下，R^* 的推导如下：

由 $P(R<R^*) = P\left(\frac{R-\mu}{\sigma} < \frac{R^*-\mu}{\sigma}\right) = 1-\alpha$，可知

$$\frac{R^*-\mu}{\sigma} = \beta \Rightarrow R^* = \mu + \beta\sigma \tag{5.6}$$

上式中，β 表示各种置信水平所对应的临界值。

将式（5.3）代入式（5.2），我们可以得到：

$$VaR = E(W) - W^* = -W(R^*-\mu) = -W(\mu+\beta\sigma-\mu) = -\beta\sigma W \tag{5.7}$$

5.3.2 农村微型金融机构风险的度量

5.3.2.1 数据来源和研究假设

1. 数据来源

由于我国各类农村微型金融机构信息公布不完善，因此本书选取了各地区的农村信用社作为研究对象。另外，由于有些地区的部分年份数据缺失，在此进行补充说明，它们考察的数据范围分别是北京在 2000—2005 年，天津在

---

[1] 周晔. 金融风险度量与管理 [M]. 北京：首都经济贸易大学出版社，2010：31-48.
[2] 温红梅，韩晓翠. 基于 VaR 的我国农村金融机构市场风险的度量与实证 [J]. 哈尔滨商业大学学报：社会科学版，2011（2）：3-9.

2000—2009年，上海在2000—2004年，重庆在2000—2008年，西藏自治区的数据缺失，其他各省、自治区的数据跨度都是2000—2010年这11年。本书的数据来自《中国金融年鉴》（2001—2011）和中国人民银行网站2007—2010年中长期贷款数据为推算值。

2. 研究假设

（1）鉴于我国各地区农村信用社所公布的数据都是以"年"为单位，所以我们假设农村微型金融机构风险头寸的持有期为1年。

（2）由于我国各地区农村信用社业务较为简单，因此我们假设其业务受市场风险因子影响的只有存款和贷款。

（3）考虑到农村信用社贷款的现状，我们假设各地区农村信用社的存款都为活期存款，而且贷款为1年期和中长期（3年期）贷款。

（4）假设各年份发生盈利或亏损的概率都一样。

（5）中长期贷款利率按照复利计算。

5.3.2.2 指标说明

（1）存款额。2000—2010年各地区农村信用社存款余额，见附录1。

（2）贷款额。2000—2010年各地区农村信用社贷款余额，见附录2。

（3）中长期贷款额。2000—2010年各地区农村信用社中长期贷款余额，其中2000—2006年的数据来自《中国金融年鉴》，2007—2010年的数据为推算值。

（4）1年期存款利率为查找历年《中国金融年鉴》整理得来。

（5）1年期贷款利率为查找历年《中国金融年鉴》整理得来。

（6）3年期贷款利率为查找历年《中国金融年鉴》整理得来。图5.2显示了2000—2010年中存贷款利率的变化情况，并且呈现出先升后降的态势。

（7）农村信用社业务收益和收益率。我们的计算公式为：①业务收益＝短期贷款（1＋1年期贷款利率）＋中长期贷款（1＋3年期贷款利率）$^{1/3}$－存款（1＋1年期存款利率）；②收益率＝业务收益÷贷款总额×100%。

5.3.2.3 度量结果分析

第一步，根据获取的数据和统计学知识，运用SPSS17.0软件和Excel软件可计算得出各地区的利润率标准差值（见图5.3）。第二步，选择置信水平。置信水平的选择区间是在95%～99%之间，由已有的置信水平函数所对应的临界值可知，若选取99%的置信水平，则临界值为－2.33；若选取95%的置信水平，则临界值为－1.65。1997年底巴塞尔委员会公布的资本充足性条款中要求的置信水平为99%，所以本书选择计算99%的置信水平下的金融风险